सृजनात्मक-लेखन और संचार-क्षमता

सृजनात्मक-लेखन और संचार-क्षमता

प्रो. जयमोहन एम.एस.

डॉ. सुमा एस.

वाणी प्रकाशन

वाणी प्रकाशन

4695, 21-ए, दरियागंज, नयी दिल्ली 110 002

शाखा

अशोक राजपथ, पटना 800 004

फ़ोन: +91 11 23273167 फ़ैक्स: +91 11 23275710

www.vaniprakashan.in

vaniprakashan@gmail.com

SRIJANATMAK-LEKHAN AUR SANCHAR-KSHAMTA

by Prof. Jaymohan M.S./Dr. Suma S.

ISBN : 978-93-5000-486-9

Literature / communication

संस्करण 2010

आवृत्ति 2013

मूल्य : ₹ 55

न्यू कृष्णा ऑफ़सेट, दिल्ली-110 093 में मुद्रित

वाणी प्रकाशन का लोगो मक़बूल फ़िदा हुसेन की कूची से

भूमिका

प्रिय पाठक...

'सृजनात्मक-लेखन और संचार-क्षमता' आपके सामने प्रस्तुत है। बिरुद स्तर में उपभाषा के रूप में हिन्दी पढ़नेवाले छात्र और छात्राओं को ध्यान में रखकर इस पुस्तक की रचना की गयी है। केरल के विश्वविद्यालयों में अर्द्ध वार्षिक पाठ्य पद्धति लागू की गयी है और पाठ्यक्रम में समूल परिवर्तन आया, ताजगी आयी। इस पाठ्यक्रम में सृजनात्मक-लेखन का महत्त्व बढ़ गया है। यह सच है कि सर्जना एक स्वाभाविक, नैसर्गिक प्रक्रिया है। इसलिए सर्जन-प्रक्रिया के अध्ययन और अध्यापन की संगति पर प्रश्न उठना स्वाभाविक है। लेकिन सृजनात्मक-लेखन का, साहित्य-सर्जना का अवबोध एवं प्रेरणा प्रदान करना, मौलिक रचना के लिए प्रोत्साहित करना नयी पाठ्य-पद्धति के बुनियादी तत्त्व हैं। यही इस पुस्तक का मूल उद्देश्य है। साहित्य-विद्यार्थी के लिए साहित्य की प्रमुख विधाओं का अवबोध और उनकी रचना-प्रक्रिया का परिज्ञान आवश्यक है। फलस्वरूप उनकी सृजन क्षमता सक्रिय रह जाएगी। इस पुस्तक में साहित्य की सम्पूर्ण विधाओं की सर्जना-प्रक्रिया का विवेचन नहीं है। कुछ महत्त्वपूर्ण छात्रोपयोगी विधाओं की रचना-पद्धति का परिचय है। कविता, कहानी, समीक्षा, फ़िल्म-समीक्षा, लेख, फ़ीचर आदि की रचना-प्रक्रिया को प्रमुखता दी गयी है। कविता, कहानी और समीक्षा बिलकुल साहित्यिक है पर लेख और फ़ीचर उतना साहित्यिक नहीं, लेकिन सर्जनात्मक तो ज़रूर है। हरेक विधा के प्रकृत एवं स्वरूप का परिचय देते हुए उसकी रचना-प्रक्रिया का सामान्य परिचय दिया गया है। समीक्षा और लेख की रचना-प्रक्रिया का परिज्ञान छात्रों के लिए वांछनीय है। साहित्य सम्बन्धी अध्ययन में किसी

न किसी रचना की समीक्षा तो जरूर करनी है। समीक्षा में फ़िल्म-समीक्षा भी समाहित है क्योंकि आज उसकी माँग बढ़ती चली जा रही है। समीक्षा के समान लेखन-कार्य भी बिलकुल अभिलषित है, इसलिए 'लेख' रचना की रूप-रेखा खींची गयी है। हरेक विधा की रचना-प्रक्रिया के साथ उदाहरण भी प्रस्तुत है। आज का संचार का जमाना है, संचार-माध्यमों का द्रुत-विकास होता चला जा रहा है। साहित्यिक एवं शैक्षिक संचार (Literary and educational communication) के क्षेत्र विपुल हो गये। शिक्षा अभियुक्त इस कृति में इन दोनों क्षेत्रों के संचार माध्यमों पर अधिक बल दिया गया है। अभीष्ट है कि छात्र-छात्राओं की सर्जनात्मकता को बढ़ाने में यह पुस्तक एक हद तक सहायक होगी। छात्रों को मौलिक रूप से किसी विषय पर कुछ लिखने की खासियत जरूर प्राप्त करनी है। छात्र-छात्राओं को चाहिए कि वे पढ़ाई के साथ लेखन-प्रक्रिया में भी विशेष रुचि रखें।

सजग पाठकों से निवेदन है कि वे अपने उपयोगी सुझाव देकर अनुगृहीत करें।

प्रो. जयमोहन एम.एस.
अवकाश प्राप्त प्रवक्ता
युनिवर्सिटी कॉलेज
तिरुअनंतपुरम, केरल

डा. सुमा. एस.
प्राध्यापिका
सरकारी वनिता कॉलेज
तिरुअनंतपुरम

अनुक्रम

हिन्दी भाषा–क्षमता और शक्ति

भारत बहुभाषा-भाषी राष्ट्र है। गुजराती, पंजाबी, बंगला, मराठी, कश्मीरी, मलायालम, तमिल, तेलुगु, कन्नड तथा हिन्दी आदि भारत की अनेक प्रसिद्ध भाषाएँ हैं। इन प्रधान भाषाओं में हिन्दी केन्द्रीय महत्त्व की भाषा है। उसे राष्ट्र भाषा, राजभाषा तथा सम्पर्क भाषा का गौरव मिला। इसका कारण था कि हिन्दी क्षेत्र विस्तार की दृष्टि से देश के सबसे बड़े भू-भाग की भाषा है। यह, उत्तर प्रदेश, मध्य-प्रदेश, राजस्थान, बिहार, हिमाचल-प्रदेश, हरियाणा, छत्तीसगढ़, उत्तरांचल, झारखंड, दिल्ली तथा अण्डमान निकोबार द्वीप समूह की प्रधान भाषा है। इसे बोलने वालों की संख्या लगभग 50 प्रतिशत है तथा व्यापार, जनसंचार तथा राजनीति की दृष्टि से यह देश की सम्पर्क भाषा है। इसलिए देश की भाषाओं में हिन्दी प्रतिनिधि भाषा भी मानी गई। यही कारण है कि जहाँ अन्य भारतीय भाषाएँ अपने अपने क्षेत्रीय नामों से जानी-जाती हैं वहीं हिन्दी सम्पूर्ण भारत की भाषा कही जाती है।

हिन्दी एक समृद्ध भाषिक, साहित्यिक तथा सांस्कृतिक परम्परा की वाहिनी है। वह संस्कृत जैसी प्राचीन सम्पन्न भाषा की उत्तराधिकारिणी है, उदारशीला है। उसने ध्वनि और शब्द सम्पदा की दृष्टियों से विभिन्न भारतीय तथा विदेशी भाषाओं से असंख्य शब्दों को ग्रहण कर अपने को समृद्ध किया है। विभिन्न क्षेत्रों के सन्तों तथा विभिन्न मतों एवं धर्मों के अनुयायियों ने हिन्दी को अपनी अभिव्यक्ति का माध्यम बनाया और उसे देश के कोने-कोने तक पहुँचाया। यही कारण है कि हिन्दी ही सम्पूर्ण भारत की एक ऐसी भाषा है जो कश्मीर से कन्याकुमारी तक समझी व बोली जाती है। वस्तुतः एक हजार वर्ष से हिन्दी देश की सामाजिक-संस्कृति

की संचालिका रही है। वह देश के विभिन्न भाषा-भाषी प्रदेशों की प्रमुख सम्पर्क भाषा एवं धार्मिक, सांस्कृतिक तथा व्यापारिक केन्द्रों में आदान-प्रदान का माध्यम रही।

हिन्दी भाषा की एक विशिष्ट परम्परा है। सातवीं शती में बंगाल के सिद्ध अपने विचारों के प्रचार के लिए हिन्दी का प्रयोग करते थे। नाथ पंथ के सन्त गोरख नाथ ने अपने विचारों के प्रचार के लिए संस्कृत के साथ हिन्दी का सहारा लिया। हिन्दी साहित्य के आदि काल में फारसी विद्वान अमीर खुसरो ने हिन्दी में रचना करके हिन्दी के प्रति अपने प्रेम को प्रकट किया। भक्ति काल के सारे कवियों ने हिन्दी का प्रयोग करके हिन्दी साहित्य को समृद्धि प्रदान की तथा हिन्दी भाषा एवं साहित्य का प्रचार किया। रीतिकाल में ब्रज भाषा का प्राधान्य था, जो हिन्दी भाषा की एक बोली है। आधुनिक काल में स्वतन्त्रता आन्दोलन की हिन्दी संचालिका रही। इस अवसर पर खड़ी बोली हिन्दी की प्रतिष्ठा हुई। तत्कालीन साहित्यकारों, धर्म गुरुओं, समाज सुधारकों, दार्शनिकों ने हिन्दी को अपनी विचार-वाहिनी बनाई। स्वतन्त्रता आन्दोलन के अवसर पर हिन्दी सम्पूर्ण भारत में देश-प्रेम एवं राष्ट्रीय भावना की प्रतिमूर्ति रही। महात्मा गाँधी ने हिन्दी भाषा पर जोर दिया। इस प्रकार हिन्दी भारत की संस्कृति एवं राजनीति की भाषा बन गई। हिन्दीतर प्रदेश के अनेक लेखक आज हिन्दी में रचनाएँ करते हैं।

भारतीय भाषाओं तथा हिन्दी के अन्तर्सम्बन्धों को देखें तो अद्भुत समानताएँ मिलती हैं जो इन भाषाओं के सांस्कृतिक, सामाजिक सम्बन्धों की द्योतक हैं। यह समानता ध्वनि, शब्द, वाक्य तथा लिपि सभी स्तर पर दिखाई देती है। भारतीय भाषाओं में, चाहे वे किसी भी भाषा परिवार की हों, ध्वन्यात्मक व्यवस्था में एक समानता दिखती है। भारतीय आर्य भाषाओं तथा द्रविड़ परिवार की भाषाओं का वर्णमाला-क्रम एक है, स्वर एवं व्यंजन व्यवस्था में समानता है। शब्द-स्तर पर भी यह समानता हिन्दी तथा अन्य भारतीय भाषाओं में दिखती है। विभिन्न भारतीय भाषाओं के शब्द हिन्दी भाषा से मिले हुए हैं। हिन्दी की वाक्य संरचना अन्य भारतीय भाषाओं के अनुकूल है।

हिन्दी सरल, सुकोमल भाषा है, जिसे सीखना आसान है। उसमें मधुरिमा प्रौढ़ता, तरलता और लयात्मकता है। हिन्दी भाषा के उच्चारण में एक गतिशीलता और चारुता है। देवनागरी लिपि हिन्दी भाषा के सौन्दर्य को बढ़ावा देती है। इसलिए हिन्दी एक सर्जनात्मक भाषा है। हिन्दी की इन्हीं विशेषताओं के कारण हिन्दी न बोलने वालों की संख्या कम होती चली जा रही है। हिन्दीतर प्रदेशों में हिन्दी सीखने वालों, रचनेवालों की संख्या बढ़ती चली जा रही है।

सृजनात्मक साहित्य और लेखन

साहित्य शब्द अपने विशाल अर्थ में समस्त लिखित-मुद्रित वाङ्मय है। अर्थात लिखे हुए अक्षरों का जितना विस्तार है वह सब साहित्य है। यह विस्तृत अर्थ लिटरेचर का है जो लैटर्स से बना है और जिसके लिए अब हिन्दी में साहित्य शब्द का प्रचलन है। इस अर्थ में कुछ भी लिखा हुआ या छपा हुआ साहित्य है। कम्पनियों द्वारा अपनी सामग्रियों की विशेषताएँ, प्रयोग विधाएँ आदि से सम्बन्धित विवरण और विज्ञापन भी साहित्य है। इसी तरह विज्ञान, राजनीति, इतिहास, धर्मशास्त्र आदि का विवेचन भी साहित्य है। इन दोनों रूपों से अलग कविता, नाटक, कहानी, उपन्यास आदि भी साहित्य हैं। अतः प्रकृत की दृष्टि से साहित्य की तीन श्रेणियाँ है।

प्रचारात्मक या सूचनात्मक साहित्य (Communicative Literature)

यह लिखित या मुद्रित सामग्री है जो सिर्फ हमारी जानकारी बढ़ाती है, बहुत सी नई बातें बताती हैं। यह साहित्य केवल सूचनात्मक है जिसमें एक विचार को दूसरों तक सूचित किया जाता है। इस प्रकार का लेखन कार्य विज्ञापन एवं विवरण के लिए अधिक होता है। इससे हमारी अनुभूतियाँ कम उत्तेजित होती है और इसमें भावना एवं कला का उतना महत्व नहीं। यह केवल सूचनात्मक है, सर्जनात्मक नहीं।

विवेचनात्मक साहित्य (Discriminative Literature)

कुछ लेखन कार्य ऐसे होते हैं जो हमारी जानकारी को बढ़ाते हुए बोध शक्ति को निरन्तर सचेष्ट बनाए रखते हैं। इनमें प्रचार नहीं होता। ये रचनाएँ हमारा ज्ञान बढ़ाती हैं, विवेक जाग्रत करती हैं, विभिन्न वस्तुओं, विषयों, नियमों, धर्म, संस्कृति, इतिहास, दर्शन आदि की विशिष्टता

बताती हैं, एक नियमित तर्क प्रणाली के आधार पर विषयों को समझाती हैं। इस तरह के साहित्य को विवेचनात्मक साहित्य कहा करते हैं। दर्शन, इतिहास, विज्ञान आदि विषयों की पुस्तकें इस श्रेणी में आती हैं।

साहित्य की उपर्युक्त दोनों श्रेणियों में रचनात्मकता या सर्जनात्मकता की कोई गुंजाइश नहीं। केवल जानकारी या नियमित तर्क प्रणाली के आधार पर विवेचन। भावात्मकता और कलात्मकता की सृष्टि अर्थात सृजनात्मकता का यहाँ महत्व नहीं है। इसलिए सूचनात्मक और विवेचनात्मक साहित्य सर्जनात्मक नहीं असर्जनात्मक है।

सृजनात्मक साहित्य (Creative Literature)

जिस साहित्य में सृजनशीलता है, रचनाधर्मिता है, उसे सृजनात्मक साहित्य कहा करते हैं। साहित्यकार को भावों, अनुभूतियों, संवेदनाओं का सृजन करना है, इन अनुभूतियों का वहन करने कलात्मक उपदानों का सृजन करना है। भाव एवं कला के समुचित समावेश में रमणीयता का सृजन करना है। इस रचनाधर्मिता को सृजनात्मकता कहते हैं। साहित्य शास्त्र के सारे आचार्यों ने सृजनात्मक साहित्य को ही साहित्य माना है। भर्तृहरि ने साहित्य शब्द का प्रयोग काव्य के पर्याय के रूप में किया। उन्होंने शब्द और अर्थ के कलात्मक संयोग को साहित्य माना है तो राजशेखर ने भी शब्द और अर्थ में समुचित समन्वय को साहित्य कहा। इसका मतलब यह नहीं है कि शब्द और अर्थ का साथ-साथ रहना साहित्य है, साहित्येतर रचनाओं में भी शब्द और अर्थ साथ-साथ हैं। इसे स्पष्ट करते हुए आचार्य जगन्नाथ ने कहा कि 'रमणीयार्थ प्रतिपादकः शब्दं काव्यम'। अर्थात रमणीय अर्थ के प्रतिपादक शब्द ही काव्य या साहित्य है। यह रमणीयता बड़ी विचित्र स्थिति है। भाव सौन्दर्य, कल्पना वैभव, कोमलता, शिल्प-स्वरूप सब इस रमणीयता के अन्तर्गत आने वाले हैं। इस रमणीयता की सृष्टि ही असल में सृजनात्मकता है। सृजनात्मक साहित्य सम्पूर्ण मानव के दुख-सुख, राग-विराग, आह्लाद-विषाद का अनुभव कराता है। यह पाठक के दिल को तरल एवं संवेदनशील बनाता है। सृजनात्मक साहित्य की सृजन-क्षमता के अनुसार पाठक की अनुभूतियाँ जाग उठेंगी। कविता, नाटक, कहानी, उपन्यास आदि सृजनात्मक साहित्य की प्रमुख

विधाएँ हैं। समीक्षा, आलोचना, निबन्ध, संस्मरण आदि भी सृजनात्मक साहित्य में समाहित हैं।

सृजनात्मक-लेखन (Creative Writing)

सृजनात्मक-लेखन का मतलब है सृजनात्मक साहित्य का रचना-कर्म। साहित्य की जिन-जिन विधाओं में सर्जनात्मकता है उन्हीं विधाओं का लेखन सृजनात्मक-लेखन है। अर्थात कविता, कहानी, समीक्षा, निबन्ध आदि की सर्जना। कविता-रचना की अपनी अलग प्रक्रिया है, कविता का अलग स्वरूप है। इसी प्रकार कहानी का लेखन कार्य अलग प्रकार का है। समीक्षा और निबन्ध के आकार समान हैं, लेकिन रचना प्रक्रिया अलग। सृजनात्मक साहित्य की विधाओं को समझकर उन विभिन्न प्रकारों पर साहित्य सृजन सृजनात्मक-लेखन का कार्य है।

साहित्य-सृजन के मूल प्रेरक तत्व–भावना, कल्पना और भाव

साहित्य सृजनशील है, खासकर कविता, कहानी, उपन्यास आदि। सृजनशीलता एक आत्मीय प्रक्रिया है। इस प्रक्रिया के कुछ मूल प्रेरक तत्व हैं। साहित्य सृजन के मूल प्रेरक तत्व हैं–भावना, कल्पना और कला। भावना एक महनीय मनस्थिति है, मन की प्रतीति है, मन की द्योतिका है। किसी विषय-वस्तु को लेकर जो प्रतीति होती है उसे भावना कहा करेंगे। हरेक मनुष्य की भावना है, प्रत्येक मनुष्य में जीवित रहने की जो इच्छा है वह मनुष्य की आधारमूल भावना है। भावना एक सूक्ष्म, अमूर्त तत्व है, जिसे अनुभव तो किया जा सकता है, लेकिन आकार हीनता के कारण व्यक्त नहीं किया जा सकता। भावना बिलकुल व्यक्तिगत द्योतक है, व्यक्ति-व्यक्ति के मनोभाव के अनुसार भावना में अन्तर आ जाएगा। दो सहृदय-व्यक्ति एक सुन्दर फूल को देखते हैं। एक के मन में प्रेम की भावना जाग उठेगी, क्योंकि फूल के जरिए वह अपनी सुन्दर प्रेमिका की कल्पना करता है। दूसरे व्यक्ति के मन में यह फूल जीवन की क्षणिकता की भावना प्रदान करेगा, क्योंकि फूल के सौन्दर्य की क्षणिकता की वह कल्पना करता है। इसी प्रकार गंगा तट के सूर्यास्त का दृश्य एक व्यक्ति में सौन्दर्य की भावना की प्रतिष्ठा करेगा तो दूसरे व्यक्ति में विनाश और दुख की। साहित्यकार भावुक है इसलिए उनका मन अधिक भावनाप्रवण है। यह भावना उनकी रचनात्मकता का प्रेरक तत्व है।

कल्पना भावना की उपज है अथवा यों कहें कि कल्पना अमूर्त भावना के मूर्त रूप है। भावना कल्पना के माध्यम से बाहर निकलती है। **हम जो**

जीवन भोग रहे हैं, हम स्वयं उसके भाग हैं और इसलिए चेतन अवस्था में हम उसे जीवन न कहकर जीवन का संघर्ष कह सकते हैं। जीवन का यह संघर्ष अत्यन्त थका देने वाला होता है और इस थकावट से हमें विश्राम करने की आवश्यकता होती है। संघर्षमय जीवन में हम कुछ ऐसे क्षण निकालना चाहते हैं जिसमें हम वर्तमान को भूल जाएँ और किसी दूसरी दुनिया में पहूँच जाएँ। इस वास्तविक दुनिया के परे जो दुनिया है उसे हम कल्पना की दुनिया कहते हैं। जो यथार्थ में है, उसके विपरीत हमारी इच्छा के अनुसार जो होना चाहिए, वही कल्पना है। कल्पना स्वयं में निहित भावना की सृष्टि है, भावना को मूर्त रूप प्रदान करती है, इसलिए उसे बिम्ब का सहारा लेना पड़ता है, जिसका एक निश्चित रूप अवश्य होता है और इस बिम्ब की रचना जिस माध्यम से होती है उसे कल्पना कहते हैं। उपर्युक्त उदाहरण में प्रेम की भावना फूल के माध्यम से प्रकट हुई है। इस भावना को फूल का बिम्ब प्रदान करने वाली प्रक्रिया कल्पना है।

भावना और कल्पना के माध्यम से साहित्य-सृष्टि से जो आशय बाहर निकलता है उसे रचना का भाव कहा करते हैं। भावना और कल्पना की छननी से जो छनकर आता है वही भाव है। अतः साहित्य रचना का भाव भावनाओं एवं कल्पनाओं का सार है। साहित्य सर्जना में इस भाव का महत्वपूर्ण स्थान है। इस भाव के जरिए साहित्य का मूल्यांकन होता है। 'परीक्षा' कहानी में प्रेमचन्द जी की भावना ने कल्पना का रूप धारण किया। अनेक बिम्बों अर्थात पात्रों एवं परिवेश के माध्यम से उन्होंने एक रियासत की कल्पना की, दीवान सुजान सिंह और उम्मीदवार जानकी नाथ की कल्पना की, खिलाड़ियों की और नाले से होकर आने वाली गाड़ी की कल्पना की और खिलाड़ियों की मनोवृत्ति की कल्पना की। प्रेमचन्द जी की भावना और कल्पना के मिश्रण से यह भाव निकलता है कि सच्चे शासक को दयालू, परोपकारी और दीनबन्धु रहना चाहिए और देश की अस्मिता, सुयोग्य शासक के चुनाव में है। सृजनात्मक साहित्य में भावना, कल्पना और भाव का संयोजन अनिवार्य है।

साहित्य-सृजन के सामान्य तत्व

सृजन-कर्म, साहित्यिक हो या साहित्येतर हो उसके लिए कुछ सामान्य तत्व है। साहित्य-सृजन के लिए एक 'प्लॉट' माने विषय-वस्तु चाहिए। कविता, कहानी उपन्यास, नाटक आदि प्रमुख साहित्यिक विधाओं के लिए यह अनिवार्य है। लेखन-कार्य के पहले निरीक्षण अन्वेषण भी अभिलक्षणीय है। 'प्लॉट' को सहजता, स्वाभाविकता और मौलिकता प्रदान करने यह उपयोगी है। कभी कभी निरीक्षण और अन्वेषण से 'वस्तु' भी मिल जाएगी। चरित्रांकन भी साहित्य-सर्जना के और एक महत्वपूर्ण घटक है। वस्तु में नवोद्‌भावन अर्थात नवीन-उद्‌भावनाएँ अनिवार्य हैं ताकि उसे ताजगी मिल जाए। शैलीकरण किसी भी प्रकार के सृजन का दुर्निवार घटक है, वह 'वस्तु' का ढाँचा है अर्थात वस्तु शैली रूपी ढाँचे से ढलकर निकलती है। सर्जक को भाषा और शैली के प्रयोग पर अतीव सतर्क रहना है। इस प्रकार वस्तु-चयन, निरीक्षण, अन्वेषण नवोद्‌भावन, चरित्रांकन और शैलीकरण सृजन कार्य के महत्वपूर्ण तत्व हैं।

वस्तु-चयन

वस्तु चयन का मतलब है किसी विषय या वस्तु को स्वीकार करना। साहित्यकार अपनी परिस्थितियों से सामाजिक राजनीतिक और धार्मिक परिवेश से प्रभावित होता है। अतः सर्जक के सामने अनेक जीवन्त विषय हैं। लेखक अपनी मनोवृत्ति के अनुसार इन में से किसी इतिवृत्त को स्वीकार कर सकता है। विषय-चयन में सतर्कता अनिवार्य है। लेखक के सामने कहानी, कविता, उपन्यास आदि अनेक विधाएँ हैं। साधारण रूप से कुछ कथा-साहित्य पर और कुछ कविता पर रुचि रखने वाले होंगे।

सृजन-कर्ता को अपनी इच्छित विधा के अनुसार वस्तु-चयन करना चाहिए। काव्य-सर्जक किसी भी विषय पर, फूल पर, तितली पर, बादलों पर, सुख-दुख पर सृजन कर सकता है। मुख्य रूप से काव्य-सर्जना के अन्तर्गत छोटी कविताएँ या गीत लिखे जाते हैं। रचनाकार अपनी प्रतिभा के अनुसार किसी भी लघु-विषय को, इतिवृत्त को, स्वीकार कर सकता है।

कथा साहित्य के पक्षधर को कुछ विस्तृत फलक को स्वीकार करना है। कथा साहित्य में कहानी अपेक्षाकृत छोटी विधा है। मानव जीवन से सम्बन्धित किसी भी विषय पर कहानी-लेखन सम्भव है। लेकिन वस्तु चयन करते वक्त मानवीय संवेदनाओं से सम्बन्ध रखने वाले आशयों को चुन लेना है। अनुभूत सत्य के अंशों को लिपिबद्ध करना है। केवल काल्पनिकता या वाक्-चातुरी से कहानी सफल नहीं होगी। पाठकों को ऐसी प्रतीति होनी चाहिए कि कहानीकार जो कुछ लिख रहा है वे सब उनके जीवन में घटित हैं या आस-पास के। संवेदनाओं को उसकी सच्चाई के साथ इतिवृत्ति में समेटना ताकि पाठक आत्मीयता का अनुभव करेगा। प्रेमचन्द जी की 'पूस की रात' कहानी पढ़ने वाले सब किसान नहीं है। लेकिन वह कहानी किस प्रकार किसानों के दिल में छा जाती है उसी प्रकार अन्य लोगों के दिलों में। क्योंकि प्रेमचन्द जी ने किसान की अनुभूतियों को उनकी वास्तविकता के साथ चित्रित किया ताकि नायक की संवेदना पाठक की संवेदना हो जाती है। विषय वस्तु का चयन करते समय उसकी कालिकता और नवीनता पर भी ध्यान देना है। जीर्ण-पुरातन विषयों को छोड़कर समकालिक, नवीन विषयों को स्वीकार करना है।

निरीक्षण और अन्वेषण

रचनाकार को समय-सापेक्ष और समाज-सापेक्ष होना चाहिए, समय की गति-विगतियों की जाँच-पड़ताल करनी चाहिए, सामाजिक संचालन का पूर्ण निरीक्षण करना चाहिए। तब विभिन्न जीवन-सन्दर्भों और व्यक्तियों से उनका साक्षात्कार होगा। सृजन-कर्ता को बड़ी सावधानी से उनके निकट के और दूर के लोगों का निरीक्षण करना है। उनके जीवन से परिचित होने का यही उपाय है। स्वानुभव के समान परानुभव से हमें

अनेक विषयों की जानकारी मिलती है। लेकिन परानुभव के लिए एक शर्त अनिवार्य है, वह है निरीक्षण। समाज के विभिन्न वर्गों, समुदायों, जन-जातियों का निरीक्षण निरीक्षक को उनके जीवन का यथार्थ प्रदान करेगा। रचनाकार को इन्हीं अनुभवों की सख्त जरूरत है। क्योंकि साहित्य जीवन का प्रतिबिम्ब है। जो सामाजिक-जीवन का जितना निरीक्षण करता है उनकी सर्जना उतनी आत्मीय रहेगी। प्रेमचन्द जी सच्चे निरीक्षक और अन्वेषक थे। उनके कथा-साहित्य में ऐसा कोई जनसमुदाय नहीं जिनका उल्लेख उन्होंने नहीं किया हो। किसान, मजदूर, अध्यापक, पुलिस, कर्मचारी, भक्त, वकील, व्यवसायी, जमीन्दार, भिखारी, विधवा, वेश्या, मजदूरनी, पत्नी, माँ, बहिन आदि न जाने कितने प्रकार के पात्रों को उन्होंने अपने साहित्य में प्राण फूँक दिए। उनकी इस सफलता का प्रमुख कारण उनका निरीक्षण और अन्वेषण है। महादेवी वर्मा ने प्रेमचन्द जी के रेखाचित्र खींचते हुए एक घटना का वर्णन किया है। देवी जी के घर जब प्रेमचन्द जी आए तो वे तुरन्त बाहर आ न पायीं। बाद में जब वे बाहर आईं तो देखा कि प्रेमचन्द जी उनकी नौकरानी के साथ बैठे हुए बातचीत कर रहे हैं। देवी जी के पूछने पर कथा-साहित्य के उस पुरोधा ने कहा कि इन्हीं लोगों के अनुभव से मेरा साहित्य जन्म लेता है। अतः स्पष्ट है कि साहित्यकार को सच्चा निरीक्षक होना चाहिए। खासकर चरित्र-चित्रण में निरीक्षण की भूमिका सबसे बड़ी है। जिस रचनाकार में सच्चा निरीक्षक है उसका पात्र सहज, स्वाभाविक रहेगा, विश्वसनीय होगा और पाठकों से तादात्म्य प्राप्त करेगा।

निरीक्षण केवल चरित्रांकन के सहायक नहीं, साहित्य-सर्जना के सारे पक्षों को स्वाभाविकता और विश्वसनीयता प्रदान करने वाला है। कवियों के सौन्दर्य दर्शन की चारुता भी सूक्ष्म निरीक्षण से बढ़ जाती है। छायावादी कवियों ने प्रकृति का सूक्ष्म निरीक्षण किया। फलस्वरूप प्रकृति के सूक्ष्म सौन्दर्यांकन का एक नया आयाम मिल गया। निरीक्षण प्रेरणाप्रद है। जीवन-निरीक्षण से अनेक नए नए अनुभवों के लेखक दर्शक होते हैं। ये अनुभव सृजन-प्रेरित हैं। लेखक संवेदनशील है, निरीक्षण उसकी संवेदनशीलता को बढ़ावा देता है। युवा कवि पवन करण की एक अनुभूति

प्रवण कविता है, 'अस्पताल के बाहर टेलीफोन।' बचपन में कवि ने निकट के अस्पताल के दारुण दृश्यों को देखा था। वर्षों बाद उस निरीक्षण ने उन्हें एक संवेदनात्मक कविता लिखने की प्रेरणा दी।

निरीक्षण के समान अन्वेषण सच्चे सर्जक का लक्षण है। निरीक्षण और अन्वेषण में अन्तर यह है कि निरीक्षण की सामग्री हमारे सम्मुख प्रत्यक्ष रहेगी। अन्वेषण में वस्तु प्रत्यक्ष नहीं रहेगी, उसकी जाँच की आवश्यकता आ जाएगी। सबसे पहले उसे ढूँढ़ निकालना है फिर उसका निरीक्षण करना है। अतः अन्वेषण में भी निरीक्षण की प्रवृत्ति समाहित है। विशेष प्रकार के वर्ग, समाज, व्यक्ति जो हमारे लिए अन्य है उनकी जानकारी अन्वेषण के माध्यम से मिलती है। ऐतिहासिक विषयों के सम्बन्ध में यह तलाश अनिवार्य है। जिस काल खण्ड को हम लिपिबद्ध करना चाहते हैं उस काल खण्ड के परिवेश और जीवन की हमें जाँच करनी है। अन्वेषण से अनेक घटनाओं का पता मिलेगा। यहाँ निरीक्षण सम्भव नहीं। क्योंकि जो समय बीत गया है उसका निरीक्षण नामुमकिन है। यहाँ अन्वेषण ही एक मात्र शरण है। इतिहास, मिथक और परम्परा से सम्बन्धित सर्जना के लिए अन्वेषण की महत्वपूर्ण भूमिका है।

नवोद्भावन या नवीन उद्भावनाएँ

ताजगी समय की माँग है, नवीनता परिस्थितियों की माँग है। जो पुराना है वह स्मृतियों में समा जाता है। साहित्य हमेशा ताजा है इसलिए साहित्य-सृजन में नवीन उद्भावनाएँ जरूर होनी चाहिए। प्राचीन आशयों को उसी प्रकार प्रकट करने से सर्जना बासी रह जाएगी। विषय अगर पुराण हो या ऐतिहासिक उसमें लेखक की नवीन संवेदनाओं की मुद्रा पड़नी है। यह नवीनता भाव एवं शिल्प में होनी चाहिए। तुलसीदास ने राम-कथा में मान-मर्यादा की नवीन उद्भावना की। सूरदास ने वात्सल्य रस में बालक की चेष्टाओं की, पारिवारिक सम्बन्धों की नवीन अभिव्यक्ति की। कबीरदास ने अपनी वाणी को भविष्य का दर्पण बना दिया, नया मोड़ दिया। आज भी ये नवीन उद्भावनाएँ पाठकों को आकृष्ट करती हैं। मैथिली शरण गुप्त ने साकेत में प्रबन्ध काव्य में मुक्तक शैली का नया

प्रयोग किया। हिन्दी के विश्व प्रसिद्ध महा काव्य, जयशंकर प्रसाद जी के, कामायनी का विषय आदि मानव मनु से सम्बन्ध रखने वाला है। लेकिन उसमें मनोविकरों को समेटने की जो नवीन उद्‌भावना है वह उसे कालजयी बना देती है। हिन्दी के वर्तमान यशस्वी कहानीकार उदप्रकाश ने पुरानी किस्सागो शैली को नया रूप प्रदान किया और अपनी रचनाओं को ताजगी प्रदान की। इसमें सन्देह नहीं कि भाव एवं शिल्प में नवोद्‌भावन साहित्य की अस्मिता के लिए अनिवार्य है।

भाषा-शैली का प्रयोग अथवा शैलीकरण

किसी भी रचना को अपना स्वरूप प्रदान करने वाला तत्व शैली है। सृजन-कर्म में भाव के समान स्वरूप या शैली का महत्वपूर्ण स्थान है। शैली असंगत, नीरस एवं अस्पष्ट है तो रचना असफल रह जाएगी। रचनाकार को विषयानुकूल शैली स्वीकारनी है, जबकि भिन्न-भिन्न प्रकार की शैलियाँ उपलब्ध हैं। सर्जक को ठीक निर्णय लेना है कि उसके विचारों का वहन करने में कौन सी शैली सक्षम है। कविता रचते वक्त रचनाकार को सोचना चाहिए कि उसके विषय के लिए वर्णनात्मक शैली चाहिए या गीति शैली। शैली विषय-सापेक्ष है। प्रबन्ध काव्य जैसे विस्तृत-विषय के लिए विवरणात्मक या वर्णनात्मक शैली उचित है। लेकिन फूल, तितली, चाँद, बादल आदि लघु-विषयों के वर्णनार्थ विवरणात्मक या इतिवृत्तात्मक प्रबन्ध शैली असंगत है। उसके लिए गीति शैली संगत होगी।

इस प्रकार विषय विशेष के अनुसार शैली का चयन करना है। कथा-रचना में शैली का समान महत्व है। कथा-वस्तु के अनुकूल विवरणात्मक, आत्मकथात्मक, कथक, पटकथा, संवाद, फीचर, रपट आदि अपनी मन पसन्द शैली को स्वीकार करने के लिए सर्जक स्वतन्त्र है। आजकल मिश्र-शैली का, एक से अधिक शैलियों का एक साथ समावेश का, प्रयोग भी सुलभ है। लेकिन शैली के लिए या चमत्कार के लिए शैली का प्रयोग विकल होगा। ऐसी शैली के भीतर रचना की सत्ता दब जाएगी। इसलिए सर्जक को, पाठकों को समझने लायक, लेकिन विषय के लिए अनुयोज्य शैली का प्रयोग करना है। कृति की पठनीयता शैली

पर निर्भर है। तब रचनाकार को क्लिष्ट या उलझी हुई शैली का प्रयोग नहीं करना है। रचना चाहे कविता हो या कहानी शैली, सरल, सहज एवं विषय-वाहक होनी चाहिए।

सृजनात्मक लेखन भाषा पर आश्रित है। चाहे रचना किसी प्रकार की हो वह भाषा के माध्यम से जन्म लेती है। इसलिए रचनाकारों को भाषा प्रयोग पर अतीव सतर्क रहना है, भावना और भाव के अनुकूल भाषा का प्रयोग करना है। कविता की भाषा में कोमलता, मधुरिमा और प्रौढ़ता की आवश्यकता है जबकि कहानी में भाव, पात्र एवं वातावरण के अनुकूल भाषा प्रयोग। विभिन्न जन समुदाय की विभिन्न चरित्रों की भाषा का परिज्ञान होना चाहिए। भाषा में प्रेषणीयता एवं पठनीयता का महत्वपूर्ण स्थान है। लेखक को अपने भाव को पाठकों तक सम्प्रेषित करना है, इसलिए पाठकों की समझ में आने वाली भाषा की जरूरत है। भाषा में क्लिष्टता और दुरूहता का आधिक्य है तो पठनीयता में बाधा पड़ जाएगी। कविता, कहानी, निबन्ध और समीक्षा के भाषा प्रयोग में अन्तर है। निबन्ध और समीक्षा में सहजता के साथ प्रौढ़ता और तार्किकता का समावेश होना चाहिए, बौद्धिकता का संस्पर्श होना चाहिए। अन्यथा यों कहें कि रचना की अस्मिता भाषा की संवेदना में है।

कविता–स्वरूप और सर्जना

कविता साहित्य की सबसे प्राचीन विधा है। कविता को परिभाषित करने तथा उसके स्वरूप को पहचानने का प्रयास प्राचीन काल से ही होता रहा है। प्राचीन संस्कृत ग्रन्थों में कहा गया है–शब्द और अर्थ का सुन्दर सामंजस्य कविता है। इसी परिभाषा को आधार मानकार प्राचीन काव्य-शास्त्रियों ने काव्य की आत्मा को ढूँढने का प्रयत्न किया। किसी ने रस को कविता की आत्मा माना, किसी ने अलंकार को। प्राचीन काल में अलंकारों का बहुत महत्व था, पर आधुनिक काल में अलंकारहीन कविता की परम्परा चल पड़ी। छन्द के भी बन्धन नहीं रह गये, छन्द मुक्त कविताओं की लड़ी सी लग गई। आधुनिक आचार्यों ने हृदय-निःसृत भावों को कविता कहा है। रामचन्द्र शुक्ल जी के अनुसार कविता हृदय की मुक्ति की साधना के लिए मनुष्य द्वारा रचित वाणी-विधान है। हजारी प्रसाद द्विवेदी जी के अनुसार, कविता वह वाक्य है जिसमें भावावेश हो, कल्पना हो और पद लालित्य हो। इस प्रकार कविता का स्वरूप उपर्युक्त परिभाषाओं के आधार पर कुछ इस तरह निर्धारित किया जा सकता है–

कविता में भाव तत्व की प्रधानता है।

कल्पना के मिश्रण से सौन्दर्य का चित्रण है।

कविता में भावना, कल्पना और भावों का सुन्दर समावेश है।

कविता में किसी आशय की संपुष्टता है।

कविता में चिन्तन और विचारों की जटिलता नहीं होती।

कविता की एक विशेष शैली है, सार्थक, सहज, कोमल एवं प्रौढ़ भाषा का प्रयोग है।

कविता कम से कम शब्दों में बड़ी-बड़ी बातों को सुन्दर ढंग से प्रस्तुत

करती है।

कविता में अलंकारों का समुचित समावेश है।

कविता में बिम्ब विधान है।

कविता के तत्वों की विवचेना की पुरानी परम्परा है। प्राचीन काल में भारतीय काव्य-शास्त्र ने रस, अलंकार, छन्द आदि को कविता के तत्व माना है। आधुनिक काल तक आते-आते विद्वानों की मान्यता बदल गई। उन्होंने परम्परागत तत्वों पर उतना ध्यान नहीं दिया। इसके स्थान पर कविता के कथ्य अर्थात कही जाने वाली बात और विचार दृष्टि को विशेष महत्व दिया गया। लेकिन परम्परागत तत्वों को बिलकुल बेकार कहकर उसका तिरस्कार भी नहीं किया जा सकता। इसलिए कविता के बारे में अब कहा जाने लगा है कि काव्य का अंतरंग उसका भाव-पक्ष है और बहिरंग कला-पक्ष। अंतरंग काव्य के कथ्य को उत्कर्ष बनाता है तो बहिरंग कला-पक्ष को सार्थक। कविता का सृजन करते समय कविता के स्वरूप और तत्वों पर जरूर ध्यान देना है।

कविता रचना एक स्वाभाविक सर्जना है। जिसके पास कवि मन है उसके मन से निकलने वाली कविता तूलिका से अपना रूप धारण करेगी। वहाँ इतिवृत्त स्वाभाविक रूप से जन्म लेता है। रचनाकार अपनी इच्छा के अनुसार विभिन्न विषयों पर कविता-रचना करेगा। लेकिन जब सृजनात्मकता का अभ्यास हम करते हैं तब दिये गये विषयों पर कविता-रचना करनी पड़ेगी। इसके लिए कविता के स्वरूप का अवबोध जरुर होना चाहिए। हमें जो विषय दिया गया है, उस पर मन लगाना है, उसके अनुकूल भावों को समेटना है, कल्पनाओं को जोड़ना है। आवश्यकता के अनुसार अलंकार आदि का प्रयोग करना है। विषय के अनुकूल काव्यमय भाषा को स्वीकार करना है। इस प्रकार की रचनाओं के लिए गीति-शैली अनुयोज्य है। छन्द की आवश्यकता है तो उसका प्रयोग कर सकते हैं। उदारहण के लिए यहाँ एक विषय दिया गया है और उस विषय पर लिखी गई पवन करण की कविता भी दी गई है। आप कविता को पढिएगा और अपनी-अपनी भावना के अनुसार इस विषय पर अलग-अलग प्रकार की कविताएँ लिखिएगा। इसे एक 'मॉडल' के रूप में स्वीकार करते हुए

देश-प्रेम, राष्ट्रीयता, राजनीतिक विसंगतियाँ, प्रेम, प्रकृति आदि विषयों पर कविता-रचना कीजिएगा।

विषय

कल्पना कीजिए कि आपके घर के सामने गरीबों का एक अस्पताल है। उसके निकट एक टेलिफोन बूथ है। मरीजों के सहायी यहाँ आकर बन्धुजनों को फोन किया करते हैं। वहाँ आपने अनेक दारुण दृश्य देखे हैं, कारुणिक बातें सुनी हैं। इस इतिवृत्त पर एक कविता की रचना कीजिए।

अस्पताल के बाहर टेलीफोन

–पवन करण

कितना ठीक रहा जो यहाँ यह टेलीफोन लग गया
अस्पताल के ठीक नीचे वरना, इससे पहले
एक टेलीफोन करने के लिए भागना पड़ता
अस्पताल परिसर के बाहर कितनी दूर
और जब तक टेलीफोन करके लौटते पता चलता
मरीज की तबीयत और बिगड़ चुकी है।

अस्पताल की दीवारों पर मुर्दा होकर लटके
टेलीफोन के डिब्बों में कई-कई सिक्के गँवा चुके
नये-पुराने कई लोग विभाग द्वारा खोले गए बूथ के
इस टेलीफोन के बारे में यही सब कहते हैं
और विभाग की ड्यूटी बजाता मैं एक बाबू चुपचाप
इस टेलीफोन के बारे में जिसके आगे
भीड़ लगी ही रहती है सुनता हूँ लोगों की कही

खैर बातचीत तो इससे हो ही जाती है लेकिन बातचीत के अलावा
कुछ ऐसा है जो होता है इस टेलीफोन के माध्यम से

जैसे उस धूप में पिघलते दिन को ही लो
मरीज़ का यह रिश्तेदार लगभग सुबकते हुए
टेलीफोन पर किसी को बतलाए जा रहा था
यहाँ पराये शहर में कौन जानता है मुझे
रुपए पैसे भी नहीं बचे अब उतने मेरे पास
डॉक्टर कहते हैं सख्त जरूरत है खून की जल्दी, तुरन्त, अभी,
तभी वह बच पाएगी बताओ मैं क्या करूँ, कहाँ मरूँ जाकर
खून के लिए किसके आगे फैलाऊँ अपने हाथ,

टेलीफोन करने के लिए लाइन में लगे
उसकी बातें सुनते, खीजते, जल्दी मचाते लोगों में से
तभी एक मनुष्य आया निकलकर और उससे बोला
आपको रक्त की जरूरत है न घबराइए मत
मैं और मेरा मित्र आपको रक्त देने के लिए
इसी वक्त तैयार हैं, टेलीफोन रखिए, चलिए
मन हुआ कि इस टेलीफोन को उठाकर अपने सिर पर रखूँ
और इसके नाम के ज़िन्दाबाद के नारे लगाता हुआ
पूरे अस्पताल का एक चक्कर लगाऊँ

एक रोज तो ऐसा हुआ मैं कि इसे मान गया
कस्बे में अपने बच्चों को पड़ोसियों के भरोसे छोड़कर
अपने पति के साथ इलाज करवाने आई वह स्त्री
बीस रोज बाद बमुश्किल अस्पताल से आई बाहर
और अपने बच्चों से टेलीफोन पर करते हुए बात
फूट-फूटकर ऐसी रोई, ऐसी रोई
कि मुझसे बैठा नहीं गया उसके सामने
मैं भी परदे के पीछे बिलखने लगा जाकर
मुझे लगा जैसे मैं भी उस स्त्री के बच्चों में से एक हूँ
और वह मुझसे ही टेलीफोन पर कर रही है बातचीत

वाह रे टेलीफोन उस रोज हतप्रभ-सा
मैं तो देखता ही रह गया इसकी तरफ

एक बार तो ऐसी घटना हुई जिसे मैं नहीं भुला सकूँगा जीवन भर
हॉस्पिटल से निकल कर एक ग्रामीण वृद्ध
बैठ गया टेलीफोन के सामने आकर
कहने लगा मेरा बेटा खत्म हो गया है
वो देखो सामने उसकी लाश रखी है
मेरे गाँव में जल्दी से टेलीफोन कर दो
वहाँ से लोग आ जाएँगे ले जाएँगे हमें
मैंने डरते-डरते उससे टेलीफोन नम्बर पूछा तो उसने
मुझे अपने गाँव का नाम बता दिया।

मैंने उससे पूछा क्या गाँव में टेलीफोन है
उसने कहा मुझे नहीं पता आप तो बस फोन कर दो
मैंने उसे समझाने की बहुत कोशिश की
कि गाँव के नाम से टेलीफोन नहीं लगता
लेकिन वह मेरे आगे देर तक ऐसे गाँव का
नाम लेकर गिड़गिड़ाता रहा जिसका नाम ही
मैंने जिन्दगी में पहली बार सुना था

और उस लड़के के बारे में, मैं आपको जरूर बताना चाहूँगा
जिसे इस परिसर में सब जानते हैं
जो अक्सर भीख माँगता देता है दिखाई
बहुत दिन हुए जो कहीं आया नहीं नजर
जो इलाज कराने आई अपनी माँ के साथ आया था
और माँ की मौत के बाद पागल होकर
यहीं का हो गया रहकर, उसे जब भी भीख में
एक रुपए का सिक्का मिलता

वह सीधे टेलीफोन बूथ चला आता
और अम्मा कितनी बीमार है कहकर अपने पापा को
फोन लगाने की जिद करता
वह दिन में कई-कई बार कागज पर
उलटा-सीध नम्बर लिखकर लाता
और फोन लगाने के लिए रिरियाता रहता
लोगों ने बताया कि उसका बाप उसकी माँ को
अस्पताल में भर्ती करा कर भाग गया
और छोड़ गया माँ के पास उसे भी।
अस्पताल के ठीक नीचे लगे इस टेलीफोन ने
मरीज़ों के सहयोगियों के साथ-साथ
जादू-सा कर दिया है मुझ पर भी
घर वाले कहते हैं क्या रखा है वहाँ उस अस्पताल में
कोई और अच्छी सीट ढूँढो अपने लिए
वहाँ कुछ मिलता-जुलता भी नहीं
लेकिन मैं उनकी बातों पर ध्यान नहीं देता,
मैं अब यहीं रहना चाहता हूँ

चाहता हूँ अब यहीं से हो मेरा रिटायरमेंट
वैसे भी अब दिन ही कितने बचे हैं नौकरी के
और चाहता हूँ आशीर्वादों से नवाजे जाते
इस टेलीफोन में कभी कोई खराबी न आए
कभी गायब न हो इससे डायल टोन
पता नहीं कब, कौन दुखियारा इसके सामने
सुबकता हुआ खड़ा हो जाए आकर।

कहानी–स्वरूप और सर्जना

कहानी कथा-तत्व प्रधान एक गद्य-विधा है। कथा शब्द की उत्पत्ति 'कथन' या 'कहना' से हुई है और प्रारम्भ काल में कथा कही और सुनी जाती थी। कहानी का प्राचीन नाम संस्कृत में 'गल्प' या 'आख्यायिका' मिलता है। लेकिन आधुनिक हिन्दी कहानियाँ गल्प या आख्यायिका नाम से मिलने वाली रचनाओं से अलग हैं। आज की हिन्दी कहानियों में पाश्चात्य प्रभाव जरूर है। आज की कहानी में पाश्चात्य एवं भारतीय धारणाओं का मिश्रण है। पश्चिम में कहानी को 'शार्ट स्टोरी' कहा जाता है। पाश्चात्य एवं भारतीय विद्वानों ने कहानी की अनेक परिभाषाएँ दी हैं। उन्होंने अपनी-अपनी अवधारणाओं के अनुसार कहानी के किसी न किसी घटक पर, बल दिया है। किसी ने छोटे आकार पर, किसी ने घटना विशेष पर, किसी ने संवेदना पर और किसी ने मनोरंजन और गतिशीलता पर बल दिया। इनमें से किसी एक परिभाषा के भीतर कहानी को बाँधना आसान नहीं है। अतः कहानी का स्वरूप निर्धारण एक हद तक इस प्रकार किया जा सकता है–

कहानी आकर में छोटी है।

कहानी में जीवन के किसी एक अंश का, संवेदना या स्थिति का प्रभाव पूर्ण चित्रण है।

कहानी में जीवन का यथार्थ होता है, वह यथार्थ भावना एवं कल्पना जनित होते हुए भी अयथार्थ नहीं है।

कहानी में एक मूल भावना का विस्तार आख्यानात्मक शैली में होता है।

कहानी अनुभूति प्रवण है।

कहानी में कौतूहल और मनोरंजन है।

कहानी में तीव्रता एवं गतिशीलता है।

संक्षेप में कहानी कथा-तत्व प्रधान ऐसा गद्य रूप है, जिसमें जीवन के किसी एक अंश, स्थिति या घटना का संवेदनात्मक प्रभावशाली चित्रण किया जाता है। यह गद्यरूप सुगठित एवं अनुभूति-प्रवण है, तीव्रता एवं गतिशीलता से युक्त है।

कहानी की सर्जना भी एक नैसर्गिक प्रक्रिया है। साधारण रूप से किसी के निर्देश के अनुसार कहानी का सृजन नहीं होता। लेकिन जब हम सृजनात्मक लेखन का अभ्यास करते हैं तो हमें निर्धारित विषय पर कहानी की सर्जना करनी पड़ेगी। कहानी के सृजन के लिए उसके उपर्युक्त स्वरूप की अवधारणा अनिवार्य है। दिए गए विषय पर सर्जना करते वक्त कहानी की वस्तु (plot) हमें मिलती है। विषय-वस्तु पर ध्यान देकर उसके अनुकूल भावना एवं कल्पना का विकास करना है और मन में कहानी की एक रूप-रेखा खींचनी है। उस भावना एवं भाव के अनुसार परिवेश एवं पात्रों का सृजन करना है, संवाद चयन करना है। मानवीय संवेदनाओं से कहानी को समेटना है। आज की कहानियों में अनुभूति-प्रवणता के साथ कभी-कभी बौद्धिकता का मिलन होता है। कथावस्तु की माँग के अनुसार, बुद्धि-पक्ष का प्रयोग करना है। विषय के अनुकूल भाषा-शैली का निर्धारण करना चाहिए। भाषा-शैली में अपनी प्रतिभा के अनुसार नए-नए प्रयोग करने हैं। नीचे एक कहानी का विषय दिया गया है। उस विषय पर लिखी गई एक कहानी भी दी गई है। आप विषय पर ध्यान दीजिए और उक्त विषय पर लिखी गई उदय प्रकाश जी की कहानी पढ़िए। बाद में उक्त विषय पर अलग प्रकार से कहानी लिखने का प्रयत्न कीजिए। इसे एक मातृका के रूप में स्वीकार करते हुए अन्य विषयों पर कथा-रचना कीजिए।

विषय

कहानी का विषय दो भाइयों पर केन्द्रित है। एक बड़ा भाई, दूसरा छोटा भाई। छोटे भाई बड़े भाई के उपदेशों का तिरस्कार करते हुए आपत्ति में

पड़ जाता है, लेकिन घर आकर वह बड़े भाई को अपराधी बना देता है। बेचारे बड़े भाई को कठोर दण्ड मिलता है।

अपराध

–उदय प्रकाश

मेरे भाई मुझसे छह साल बड़े थे। आश्चर्य था कि पूरे गाँव में सभी लड़के मुझसे छह वर्ष बड़े थे। मैं इसीलिए सबसे छोटा था और अकेला था। सब खेलते तो उनके पीछे में लग जाता।

मेरे भाई बचपन से अपाहिज थे। उनके एक पैर को पोलियो हो गया था। लेकिन वे बहुत सुन्दर थे। देवताओं की तरह। वे आसपास के कई गाँवों में सबसे अच्छे तैराक थे और उनको हाथ के पंजों की लड़ाई में कोई नहीं हरा सकता था। घूँसे से नारियल और ईटें तोड़ देते थे।

जबकि मैं दुबला-पतला था। कमज़ोर और चिड़चिड़ा। मुझे अपने भाई से ईर्ष्या होती थी क्योंकि उनके बहुत सारे दोस्त थे।

मैं सबसे छोटा था इसलिए मैं भाई के लिए एक उत्तरदायित्व की तरह था। वे मुझसे प्यार करते थे और मेरे प्रति उनका रुख एक संरक्षक की जिम्मेदारी जैसा था।

सब खेलते और मैं छोटा होने के कारण अकेला पड़ जाता तो भाई आकर मेरी मदद करते। जोड़ी और पालीवाले कई खेलों में वे मुझे अपनी पाली में शामिल कर लेते थे। कोई दूसरा लड़का अपनी पाली में मुझे शामिल करके हार का खतरा नहीं उठाना चाहता था। अक्सर भाई मेरी वजह से ही हारते। फिर भी वे मुझसे कभी कुछ नहीं कहते थे। मैं उनकी जिम्मेदारी था और वह उसे निभाना चाहते थे। जहाँ तक मुझे याद है, उन्होंने कभी मुझे नहीं मारा।

जो कुछ मैं बताने जा रहा हूँ उसका सम्बन्ध भाई और मुझसे ही है। यह बहुत महत्त्वपूर्ण घटना है। ऐसी घटना जो जीवन भर आपका साथ नहीं छोड़ती और अक्सर स्मृति में, बीच-बीच में, कहीं अचानक सुलगने लगती है। किसी अंगारे की तरह।

हुआ उस दिन यह कि मैं भाई के साथ खेलने गया। उस दिन बारिश हो चुकी थी और शाम की ऐसी धूप फैली हुई थी जो शरीर में उल्लास भरा करती हैं। ऐसे में कोई भी खेल बहुत तेज, गतिमय और सम्मोहक हो जाता है।

सभी लड़के खड़ब्बल खेल रहे थे। लकड़ी की छोटी-छोटी डंडियाँ हर लड़के के पास थीं। पूरी ताकत से खड़ब्बल को जमनी पर, आगे की ओर गति देते हुए, सीधे मारा जा रहा था। ताकत और संवेग से नम धरती पर गिरा हुआ खड़ब्बल गुलाटियाँ खाते हुए बहुत दूर तक जाता था।

मुझमें न इतनी ताकत थी, न मैं इतना बड़ा था कि खड़ब्बल उतनी दूर तक पहुँचाता, जबकि वहाँ एक होड़, एक प्रतिद्वंद्विता शुरू हो चुकी थी। कोई भी हारना नहीं चाहता था। यह एक ऐसा खेल था जिसमें कोई पाली नहीं होती, कोई किसी का जोड़ीदार नहीं होता। हर कोई अपनी अकेली क्षमता से लड़ता है।

भाई भी उस खेल में डूब गये थे। वे कई बार पिछड़ रहे थे, इसलिए गुस्से और तनाव में और ज्यादा ताकत से खड़ब्बल फेंक रहे थे।

वे मुझे भुला चुके थे। और मैं अकेला छूट गया था। छह वर्ष पीछे। कमजोर। उस दिन, उस खेल में शामिल होने के लिए मुझे छह वर्षों की दूरी पार करनी पड़ती, जो मैं नहीं कर सकता था।

भाई जीतने लगे थे। उनका चेहरा खुशी और उत्तेजना में दहक रहा था। उन्होंने एक बार भी मेरी ओर नहीं देखा। वे मुझे पूरी तरह भूल चुके थे।

मुझे पहली बार यह लगा कि मैं वहाँ कहीं नहीं हूँ।

मुझे रोना आ रहा था और भाई के प्रति मेरे भीतर एक बहुत जबर्दस्त प्रतिकार पैदा हो रहा था। मैं अपने खड़ब्बल को, अकेला अलग खड़ा हुआ एक पत्थर पर पटक रहा था। मैं ईर्ष्या, आत्महीनता, उपेक्षा और नगण्यता की आँच में झुलस रहा था।

तभी अचानक मेरा खड़ब्बल चट्टान से टकराकर उछला और सीधे मेरे माथे पर आकर लगा। माथा फूट गया और खून बहने लगा। मैं चीखा तो भाई मेरी ओर दौड़े। खेल बीच में ही रुक गया था।

'क्या हुआ? क्या हुआ?' भाई घबरा गये थे और मेरे माथे को अपनी हथेली से दबा रहे थे। मेरा गुस्सा मिटा नहीं था। मैं भाई को अपनी उपेक्षा का दंड देना चाहता था।

मैंने भाई को झटक दिया और खुद को छुड़ाकर घर की ओर भागा। भाई डर गये थे और दौड़कर मुझे मनाना चाहते थे। लेकिन उनका दायाँ पैर पोलियो का शिकार था इसलिए वे मेरे साथ दौड़ नहीं सकते थे। उन्होंने लँगड़ाकर दौड़ने की कोशिश भी की, लेकिन वे गिर गये।

मेरी कमीज खून से भीग गयी थी। सिर के बाल खून से लिथड़ गये थे। माँ मुझे देखकर डर गयीं और रोने लगीं। पिताजी घबराये हुए घाव पर पावडर डालने लगे।

मैंने रोते हुए माँ को बताया कि मुझे भाई ने खड़ब्बल से मारा है।

तभी मैने देखा कि भाई लँगड़ाते हुए चले आ रहे थे। अकेले। उनको आशंका हो गयी होगी। वे डरे हुए रहे होंगे।

भाई बार-बार कहते रहे कि मैंने इसे नहीं मारा, लेकिन पिताजी उन्हें पीटे जा रहे थे। भाई रो रहे थे। वे सच बोल रहे थे, लेकिन उन्हें सजा मिल रही थी।

मैंने भाई का चेहरा देखा वे मेरी ओर देख रहे थे। उनकी आँखें लाल थीं और उनमें करुणा और कातराता थी, जैसे वे मुझसे याचना कर रहे हों कि मैं सच बोल दूँ। लेकिन तब तक देर हो चुकी थी। उन्हें सजा मिल चुकी थी। फिर इतनी जल्द बात को बिल्कुल बदलना मुझे सम्भव भी नहीं लग रहा था। क्या पता, पिताजी फिर मुझे ही मारने लगते! मैं डर रहा था।

यह घटना वर्षों पुरानी है। लेकिन भाई की वे कातर आँखें अब भी मुझे कभी-कभी घूरने लगती हैं। याचना करती हुई, सच बोलने की भीख माँगती हुई। मेरी स्मृति में जब भी वे आँखें जाग उठती हैं, मेरी पूरी चेतना ग्लानि बेचैनी और अपराध-बोध से भर उठती है।

मैं अपने इस अपराध के लिए क्षमा माँगना चाहता हूँ। इस अपराध की सजा पाना चाहता हूँ। लेकिन अब तो माँ और पिताजी भी नहीं हैं, जिनसे मैं यह बताऊँ कि उस दिन ठीक-ठीक क्या हुआ था।

भाई ही मुझे क्षमा कर सकते हैं, जिन्हें मेरे झूठ का दण्ड भोगना पड़ा। उनसे मैंने इस घटना का जिक्र भी करना चाहा, लेकिन उन्हें वह घटना याद ही नहीं। वे इसे बिल्कुल, पूरी तरह भूल चुके हैं।

तो इस अपराध के लिए मुझे क्षमा कौन कर सकता है? क्या यह ऐसा अपराध नहीं है जिसके बारे में लिया गया जो निर्णय था, वह गलत और अन्यायपूर्ण था, लेकिन जिसे अब बदला नहीं जा सकता?

और क्या यह ऐसा अपराध नहीं है, जिसे कभी भी क्षमा नहीं किया जा सकता? क्योंकि इससे मुक्ति अब असम्भव हो चुकी है।

समीक्षा के स्वरूप और समीक्षक के गुण

समीक्षा का शाब्दिक अर्थ है—अच्छी तरह देखने की प्रक्रिया। छानबीन या जाँच-पड़ताल करने के लिए अच्छी तरह और ध्यान पूर्वक देखना। परीक्षण करना। समीक्षा 'आलोचना' और 'समालोचना' का ही पर्याय है। अतः समीक्षा किसी वस्तु का सांगोपांग निरीक्षण है। इस निरीक्षण के लिए वस्तु का पूर्ण परिचय अनिवार्य है। इसीलिए किसी वस्तु की समीक्षा या आलोचना करने से पूर्व उसकी समस्त अच्छाइयों और बुराइयों की जानकारी आवश्यक है। इस प्रकार समीक्षा के तीन अंग है, अध्ययन, विश्लेषण और निर्णय। अंग्रेजी में समीक्षा या आलोचना के लिए 'क्रिटिसिज्म' शब्द का प्रयोग किया जाता है जिसका अर्थ है निर्णय देना। स्पष्ट है कि साहित्यिक कृति या रचना के गुण-दोष का निर्धारण तथा उसके प्रति अपना निर्णयात्मक मूल्यांकन देना या अपना मत प्रकट करना समीक्षक का काम है। लेकिन समीक्षा में एक और महत्वपूर्ण कार्य है आलोच्यकृति के सौन्दर्य का उद्घाटन करना।

समीक्षा एक सृजनशील-प्रक्रिया है। साहित्य का विषय जीवन है। साहित्यकार जीवन की वास्तविकता को अपनी भावना के द्वारा पुन-निर्मित करता है। समीक्षक उसका मूल्यांकन करता है। अर्थात साहित्यकार जीवन का पुनःसृजन करता है तो समीक्षक उस पुनःसृजन का पुनःसृजन करता है। इस प्रकार हम देख सकते हैं कि समीक्षा भी सर्जना है। कविता, कहानी उपन्यास, नाटक आदि की भाँति समीक्षा भी सर्जनात्मक संदर्शन (Creative Vision) से परिचालित है। यह सच है कि आलोचक का कर्म कवि-कर्म की अपेक्षा कम सर्जनात्मक रह जाता है, पर वह कभी असर्जनात्मक (non-creative) नहीं। सृजनशील-साहित्य सृजनशील-प्रक्रिया

है। समीक्षा सृजनशील-प्रक्रिया का विश्लेषण करने वाली प्रक्रिया है माने सृजनशील है। कृति के सौन्दर्य का विश्लेषण करते वक्त यह सृजनशीलता गम्भीर हो जाती है।

समीक्षक एक विशेष पाठक होता है। साधारण पाठक किसी रचना पर केवल अपना विचार व्यक्त करता है। आलोचक अपने विचारों को समीक्षात्मक भाषा में तर्क सहित प्रकट करता है। समीक्षक पर आलोचना के मानदण्डों का नियन्त्रण रहता है और उसे तटस्थ होकर समीक्षा करनी होती है। यह तटस्थता या निष्पक्षता अच्छे समीक्षक के लिए आवश्यक मानी गई है। समीक्षक को सहृदय भी रहना चाहिए ताकि वह रचना का सम्पूर्ण आस्वादन कर सके है। समीक्षा कार्य बहुत सावधानी, अधिकतम ईमानदारी, गहन दायित्व बोध तथा अपने विषय की गहरी समझ की अपेक्षा रखता है। आलोच्य कृति का मूल्यांकन एवं गुण-निर्धारण बहुत कुछ समीक्षक के ही हाथ में रहता है। दूसरी ओर पाठक समीक्षक के मत को मूल्यवान समझता है। इसलिए समीक्षक का दायित्व बढ़ जाता है। उसकी विश्वसनीयता आवश्यक हो जाती है। इसलिए अच्छे समीक्षक के कुछ गुण होने चाहिए–

साहित्य-शास्त्र का अवबोध होना चाहिए। भावना, कल्पना, भाव, रस, संवेदना, छन्द, अलंकार, भाषा, शब्द-शक्त आदि का यथेष्ट ज्ञान होना चाहिए। समीक्षक को दिल का साफ रहना चाहिए–संकीर्णता और पक्षपात से मुक्त साहित्य के प्रति समर्पित, निःस्वार्थ रहना चाहिए, राजनीतिक गुटबाजी से मुक्त होना चाहिए।

संवेदनशील एवं अनुभूति प्रवण होना चाहिए।

सहृदयता के साथ बौद्धिकता भी होनी चाहिए, क्योंकि समीक्षा में बुद्धि तत्व का महत्वपूर्ण कार्य है।

राग-द्वेष से मुक्त तटस्थ रहना चाहिए।

फिल्म समीक्षा : स्वरूप और समीक्षक के गुण

फिल्म समीक्षा साहित्यिक समीक्षा से भिन्न प्रकार की समीक्षा है यद्यपि साहित्य और फिल्म का सम्बन्ध तो है। फिल्म को सर्वश्रेष्ठ कला कहा गया है, क्योंकि उसमें विभिन्न कलाओं का मिश्रण है। उसमें कथा, पट-कथा, अभिनय, छायांकन, सम्पादन, साज सज्जा, गीत, संगीत, ध्वन्यांकन, पार्श्व गायन, नृत्य, निदेशन आदि विभिन्न कलाओं का संगम है। अतः फिल्म समीक्षक को निदेशक के समान सम्पूर्ण कलाओं का मर्मज्ञ होना चाहिए। एक फिल्म को देखकर 'सरस' और 'नीरस' कहना आसान है, यह साधारण दर्शक का आस्वादन है। लेकिन समीक्षक साधारण दर्शक नहीं। फिल्म का सम्पूर्ण अवलोकन उनका कर्तव्य है और उन्हें फिल्म आर्ट की गहरी समझ होनी चाहिए। फिल्म दृश्य प्रधान है, लेकिन 'श्रव्य' की भूमिका भी निर्णायक है। समीक्षक को इन दृश्य-श्रव्य माध्यमों की जानकारी होनी चाहिए।

यह तो पहले कहा गया है कि फिल्म में संवेदना और टेकनिक का मिश्रण है। इसलिए फिल्म समीक्षक को जितना अनुभूति-प्रवण होना चाहिए उतना तकनीक से परिचित होना। कथा, पटकथा, संवाद, गीत, संगीत अभिनय आदि अनुभूतियों के अन्तर्गत आने वाले हैं तो छायांकन, सम्पादन ध्वन्यांकन आदि तकनीक के अन्तर्गत। जो समीक्षक समान रूप से इन दोनों में प्रवीण है, वह सफल समीक्षक होगा। अभिनय कला की समीक्षा करते समय समीक्षक को अभिनय कला के विभिन्न आयामों का अवबोध होना है। अपनी-अपनी भूमिका को हरेक अभिनेता जितनी तन्मयता से निभाता है, उनके चेहरे पर भावों का उतार-चढ़ाव किस प्रकार प्रकट होता है, अभिनय दर्शकों पर जितना प्रभाव डालता है, इन सब का

सूक्ष्म निरीक्षण करना है। छायांकन फिल्म की कथा-गति और दृश्य-सौन्दर्य में जितना सहायक है, इसे जानने हरेक शॉट के दृश्यांकन पर ध्यान देना है और अभिनय, नृत्य, संगीत और संघर्ष के दृश्यों को स्वाभाविकता प्रदान करने, छायांकन कहाँ तक सफल है इसका भी मूल्यांकन करना है। सम्पादन में फिल्म को गतिशीलता प्रदान करने, अनावश्यक दृश्यों को निकालने की जो क्षमता है, उस पर विचार करना है। इस प्रकार फिल्म के प्रत्येक अंग की सफलता और असफलता की जाँच करनी है।

फिल्म समीक्षा में निर्देशन का मूल्यांकन महत्वपूर्ण है। फिल्म के एक-एक घटक के संयोजन में, फिल्म के भाव को पूर्णता प्रदान करने में अभिनय के सन्तुलन में, दृश्य संयोजन में, लोकेशन के चुनाव में, गीत-संयोजन में निदेशक की प्रवीणता पर सविशेष ध्यान देना चाहिए। निदेशक की कमजोरियों की आलोचना करनी है। फिल्म तकनीक परिवर्तनशील है, फिल्म तकनीक में विलक्षण परिवर्तन आते रहते हैं। पटकथा लेखकों तथा निदेशकों की नई पीढी नित नए प्रयोग आजमा रही है। समीक्षक को फिल्म की इस नवीनता की तलाश करनी है। जिस तरह नए निदेशक नए विचारों को लेकर नए प्रकार की फिल्में बना रहे हैं उसी तरह समीक्षक की नजरें पड़नी चाहिए। तटस्थता या निष्पक्षता फिल्म समीक्षक के लिए जरूरी है। किसी अभिनेता या निदेशक के प्रति विशेष मोह के कारण उनकी फिल्मों की झूठी प्रशंसा नहीं करनी चाहिए। अतः फिल्म समीक्षक को इन्हीं कार्यों पर विशेष ध्यान देना है–

फिल्म में सर्व-कलाओं का संगम है। इसलिए इन सभी कलाओं का ज्ञान समीक्षक को होना चाहिए।

कथा, पट-कथा, अभिन्य, संवाद, गीत आदि अनुभूति-प्रवण अंगों की रागात्मकता का निरुपण करना है।

छायांकन, सम्पादन, ध्वन्यांकन आदि तकनीकी घटकों की सफलता की जाँच करनी है।

अभिनय कला एवं चरित्रांकन की पूर्णता-अपूर्णता पर विचार करना है। निदेशक की निपुणता पर सविशेष ध्यान देना है।

मुख्य रूप से दृश्य-माध्यम होने के कारण फिल्म के दृश्यांकन एवं

लोकेशन की संगति का मूल्यांकन करना है।

फिल्म में मनोरंजन कहाँ तक है, कलात्मकता कहाँ तक है, इसका निरूपण करना है।

फिल्म में कला के अनेक प्रकार हैं, उनमें से सफल घटकों का विशेष उल्लेख करना है।

किन किन घटकों में असफलता है उनका तर्कसंगत निरूपण करना है। फिल्म समीक्षक को बिलकुल तटस्थ रहना चाहिए, किसी अभिनेता, निदेशक आदि के प्रति विशेष अनुराग के कारण उनकी झूठी प्रशंसा नहीं करनी चाहिए।

कविता की समीक्षा

कविता की समीक्षा या मूल्यांकन अपेक्षाकृत श्रमसाध्य है। क्योंकि कविता या पद्य की रचना-शैली गद्य से बिलकुल अलग है। अलंकार-योजना, लाक्षणिकता, बिम्ब-प्रतीक योजना आदि काव्य-रचना को विशेष प्रौढ़ता प्रदान करती हैं। गद्य की अपेक्षा काल्पनिकता या कल्पना वैभव पद्य में है। इसलिए कविता के आशय या मर्म तक पहुँचने के लिए कभी-कभी, बार-बार उसे पढ़ना पड़ेगा। कविता के मूल्यांकन के लिए पहली शर्त उसके भाव एवं शिल्प का अवबोध है। कविता को मन लगाकर पढ़ना चाहिए और चिन्तन-मनन करके उसके मूल-भाव तक पहुँचना है। कभी-कभी केवल 'पाठ' से कविता का पूर्ण आशय सुलझेगा नहीं, अन्तर्पाठ की आवश्यकता होगी। उदाहरणार्थ कबीर ने 'माली आवत देख कै कलियाँ करै पुकार' पंक्ति में 'कली' शब्द का प्रयोग किया है। उसी प्रकार 'अली कली सी सों बन्ध्यौ आगे कौन हवाल' पंक्ति में बिहारी ने 'कली' शब्द का प्रयोग किया है। 'कली' शब्द का सामान्य अर्थ है 'फूलों की कली'। लेकिन इस अर्थ-प्रयोग से इन पंक्तियों का आश्य नहीं मिलेगा। कबीर और बिहारी के 'कली' शब्द के भिन्न अर्थ है। यह अर्थ कविता के अन्तर्पाठ के, आसपास के अन्य शब्दों के अर्थ और आशय ग्रहण के, माध्यम से मिलेगा कि कबीर ने 'नश्वर-जीवन' के लिए और बिहारी ने 'नव विवाहिता बालिका' के लिए 'कली' शब्द का प्रयोग किया है। इस प्रकार समीक्षक को अलंकारों, प्रतीकों और बिम्बों की परतों को उघाड़कर क्लिष्ट एवं कठिन शब्दों के अर्थ को पहचानकर कविता के मर्म को समझना है।

भाव-बोधन के बाद कविता की संवेदनाओं और अनुभूतियों की पहचान अनिवार्य है। कविता में अभिव्यक्त आशा-निराशा राग-विराग, सुख-दुख, पीड़ा, व्यथा वेदना आदि मानवीय अनुभूतियों की, जिसे परम्परागत समीक्षा में रस-विश्लेषण कहा करते हैं, गहराई तक समीक्षक को पहुँचना है। इन्हीं हार्दिक अनुभूतियों से पाठक आर्द्र हो जाता है, तादात्म्य प्राप्त करता है, तो संवेदनाओं की कसौटी पर कविता सफल है। लेकिन अनुभूतियों और संवेदनाओं की कोई सीमा नहीं है। अतः कुछ कविताओं के संवेदन उपर्युक्त संवेदनाओं से भिन्न होंगे। देश-प्रेम की कविता की मूल संवेदना देश के प्रति अनुराग की है, जो आशा, निराशा से भिन्न है। लेकिन ऐसी कविताओं में भी उत्साह, उमंग और जोश की अनुभूतियाँ हैं। इन्हीं कविताओं का मूल्यांकन करते समय समीक्षक को परखना है कि कविता देश-प्रेम जैसे भावों की प्रतिष्ठा पाठकों के मन में करने में सक्षम है या नहीं। अगर समीक्षक के मन में वह भावना जाग उठती है तो अन्य पाठक भी उससे अनुभूत रह जाएँगे। मतलब यह है कि समीक्षक को स्वयं कविता का आस्वादन करना चाहिए। हरेक कविता में एक सन्देश या उद्देश्य है। मूल्यांकन कर्ता को इस उद्देश्य को ठीक समझना है और परखना है कि उद्देश्य की अभिव्यक्ति में कविता कहाँ तक सफल है। कविता कल्पना-प्रवण है। काल्पनिकता कविता के सौन्दर्य में चार चाँद लगाने वाली है। लेकिन काल्पनिकता की अधिकता कविता के आस्वादन में बाधा उपस्थित करेगी। समीक्षक को काल्पनिकता की प्रसंगानुकूलता एवं रमणीयता का मूल्यांकन करना है और तथ्य रूप पर ध्यान देना है कि कल्पना आस्वादन क्षमता को बढ़ाने लायक है।

कला-पक्ष कविता का वह पक्ष होता है जिसके द्वारा कवि अपनी भावनाओं की अभिव्यक्ति करता है। इसमें कवि का शिल्प-चातुर्य दिखाई देता है। कितने कलात्मक ढंग से और किन वस्तुओं के उत्कृष्ट प्रयोग से कवि ने अपनी भावना को अभिव्यक्त करने की कोशिश की है, वह कला-पक्ष के अन्तर्गत दिखाई देता है। कला-पक्ष में भाषा-शैली, छन्द-अलंकार आदि पमुख तत्व होते हैं। आधुनिक कविता में बिम्ब और प्रतीकों को महत्वपूर्ण स्थान दिया गया है। कविता की भाषा विशिष्ट होती है। कम

से कम शब्दों और प्रवाहपूर्ण भाषा में कवि अपनी बातें करता है तो वह कविता का रूप ले लेती है। भाषा की सहजता, प्रेषणीयता और प्रौढ़ता पर ध्यान देते हुए उसके लालित्य एवं गांभीर्य की चर्चा करनी है। भाषा-सौन्दर्य, शब्द-चयन आदि का विवेचन करते हुए भाषा की क्लिष्टता और कठिनता का निरूपण करना है। समीक्षक को इस तथ्य पर अतिरिक्त ध्यान देना है कि भाषा विषय एवं भावों के अनुकूल है या नहीं। भाषा को कवि ने जिस कौशल और कलात्मकता के साथ परोसा है, वह कवि की शैली कही जाती है। समीक्षक को शैली की चारुता और सरलता पर चिन्तन करते हुए परखना चाहिए कि वह विषय के लिए अनुयोज्य है या नहीं। कविता की भाषा प्रवाहमयी होती है। इसलिए उसे प्राचीन समय में छन्दों के माध्यम से रचा जाता था। छन्द का अर्थ होता है भाषा के लयात्मक रूप को एक निश्चित ढाँचे में बाँध कर रखना। लेकिन आधुनिक कविता में छन्द कविता का अनिवार्य अंग नहीं रह गया। आधुनिक कविता का स्वरूप मुक्त-छन्द हो गया है। फिर भी कविता छन्दबद्ध है तो छन्द-विधान पर ध्यान तो देना है।

अलंकार कविता के सौन्दर्य वर्धक, आकर्षक घटक है। प्राचीन कविता में भाषा के कौशल से कवि अलंकारों का सृजन सप्रयास करते थे, किन्तु अब कवि अलंकारों पर उतना सतर्क नहीं है। लेकिन कवि के भाषा-कौशल तथा कथ्य की भंगिमा के कारण अलंकारों की सहज उत्पत्ति को रोका नहीं जा सकता। आज अलंकार कविता के महत्वपूर्ण अंग भले ही न हो, किन्तु एक अवयव के रूप में अवश्य माने जाते हैं। अतः समीक्षक को विचार करना है कि अलंकार सार्थक, संगत एवं भावानुकूल है, भाव प्रकटन के साधक है या बाधक। अलंकार-प्रयोग की नवीनता की भी जाँच करनी है।

आधुनिक कविता में प्रतीक और बिम्बों का महत्व बढ़ गया है। इसलिए प्रतीक विधान और बिम्ब विधान पर समीक्षक को सतर्क रहना है। प्रतीक का अर्थ है किसी वस्तु के माध्यम से किसी अन्य वस्तु अथवा घटना से सम्बन्धित बात कहा जाना। इसी प्रकार बिम्ब का अर्थ होता है परछाई अर्थात भाषा कौशल के द्वारा किसी स्थिति का चित्र खींचा

जाना। जब बात कहने पर चित्र स्पष्ट होने लगे तो उसे बिम्ब कहते हैं। समीक्षक को इन्हीं बातों पर ध्यान देना है कि बिम्ब-प्रतीक कविता के आशय को प्रकट करने लायक है या नहीं, बिम्ब और प्रतीक सरल है या नहीं, क्लिष्टता और दुरूहता कहाँ तक है, बिम्ब-प्रतीक सुन्दर हो, नवीन हो, आकर्षक हो।

इस प्रकार आलोच्य कविता के भाव एवं शिल्प की विवेचना के बाद समीक्षक को कविता की सफलता और असफलता का निर्णय करना है और अपना निष्पक्ष विचार प्रकट करना है।

यहाँ उदाहरणार्थ प्रसाद जी की 'किरण' कविता दी गयी है और समीक्षा भी।

किरण

—जयशंकर प्रसाद

किरण! तुम क्यों बिखरी हो आज,
रँगी हो तुम किसके अनुराग,
स्वर्ण सरसिज किंजल्क समान
उड़ाती हो परमाणु पराग।
धरा पर झुकी प्रार्थना सदृश,
मधुर मुरली सी फिर भी मौन
किसी आज्ञात विश्व की विकल
वेदना-दूती सी तुम कौन?
अरुण शिशु के मुख पर सविलास,
सुनहली लट घुँघराली कान्त,
नाचती हो जैसे तुम कौन?—
उषा के अंचल में अश्रान्त।
भला उस भोले मुख को छोड़,
और चूमोगी किसका भाल,
मनोहर यह कैसा है नृत्य,

कौन देता है सम पर ताल?
कोकनद मधु धारा सी तरल,
विश्व में बहती हो किस ओर?
प्रकृति को देती परमानन्द,
उठाकर सुन्दर सरस हिलोर।
स्वर्ग के सूत्र सदृश तुम कौन,
मिलाती हो उससे भूलोक?
जोड़ती हो कैसा सम्बन्ध,
बना दोगी क्या विरज विशोक!
सुदिनमणि-वलय विभूषित उषा-
सुन्दरी के कर का संकेत-
कर रही हो तुम किसको मधुर,
किसे दिखलाती प्रेम-निकेत,
चपल! ठहरो कुछ लो विश्राम,
चल चुकी हो पथ शून्य अनन्त,
सुमन मन्दिर के खोलो द्वार,
जगे फिर सोया वहाँ बसन्त।

किरण : समीक्षा

हिन्दी के शिखरस्थ कवि जयशंकर प्रसाद भारत के इने-गिने महान कवियों में एक हैं।. वे अनुभूतियों के, प्रेम और सौन्दर्य के, प्रकृति के, अतुल्य कवि थे। काव्य-संवेदना की दृष्टि से उनकी समता रखने वाले अपूर्व हैं। वे छायावाद युग के कवि थे। छायावाद की सारी सविशेषताएँ उनकी कविता में दर्शनीय है। लेकिन उनकी काव्य प्रतिभा छायावाद और अन्यवादों से परे है, चिरंतन और नूतन है। 'कामायनी' प्रसाद जी का विश्व-स्तरीय महाकाव्य है। प्रसाद जी ने अनेक सुकोमल गीत लिखे हैं। उनका एक सुरम्य गीत है 'किरण' इसमें कवि ने प्रभातकालीन सूर्य-किरणों का रोमांचक वर्णन किया है।

कविता का सारांश इस प्रकार है। प्रभात कालीन किरणों को देखकर कवि के मन में अनेक रंगीन प्रश्न उठते हैं और कवि किरणों से पूछते हैं कि आज तुम क्यों धरती पर आ गयी हो, तुम किसके अनुराग लेकर आयी हो। स्वर्ण कमल के पराग के समान तुम परमाणुओं को उड़ाती जा रही हो। धरा पर झुककर तुम प्रार्थना कर रही हो। तुम मधुर मुरली के समान हो, फिर भी मौन क्यों हो। किसी अज्ञात संसार की वेदना का दूत लेकर आने वाली तुम कौन हो। बालारुण के सुन्दर मुख पर सविलास लटकने वाली स्वर्णिम घुंघराली अलकों के समान तुम शोभित हो। उषा की गोद में बिना थकान और विश्राम से नाचने वाली तुम कौन हो? बालारुण के सुन्दर और भोले मुख को छोड़कर तुम और किसके मस्तक पर चुम्बन करोगी? तुम्हारा यह नृत्य सुन्दर एवं मनोहर है। इस प्रकार नाचने तुम्हें ताल देने वाला कौन है? तुम लाल कमल की मधु-धारा के समान सुन्दर हो। तुम इस संसार में कहाँ जाती हो? किस लक्ष्य की ओर प्रवाहित हो रही हो? अपने प्रवाह के बीच सुन्दर लहरें उठाकर क्या तुम प्रकृति को परमानन्द देती हो? स्वर्ग से एक स्वर्णिम सूत्र के समान आनेवाली तुम कौन हो? स्वर्णिम सूत्र बनकर तुम स्वर्ग से भूलोक को मिलाती हो? तुम यहाँ के लोगों को शोक विहीन बना देती हो। तुम बाल-सूर्य रूपी वलय से अलंकृत उषा सुन्दरी के हाथ का संकेत हो और सब कहीं माधुर्य प्रदान करती हो। तुम प्रेम का वास स्थान किसे दिखाती हो? हे चंचल किरण तुम जरा रुको। तुम अनन्त शून्य पथ से आ रही हो, इसलिए कुछ विश्राम करो। तुम सुमन रूपी मन्दिरों के द्वार खोल दो ताकि निद्रालीन वसंत फिर जाग उठे।

किरण प्रसाद जी की रंगीन कल्पनाओं की कविता है, साथ ही साथ मुग्ध भाव-भंगिमा की कविता है। कवि की कल्पना है कि किरण स्वर्ण कमल के पराग के समान है, बाल सूर्य के मुख की सुनहरी अलकें हैं, लाल-कमल की मधु धारा के समान सुन्दर है, स्वर्ग से आने वाला स्वर्णिम सूत्र है, बाल सूर्य रूपी वलय से अलंकृत उषा सुन्दरी के हाथ का संकेत है। कवि की यह कल्पना किरण की सुषमा के अनुकूल है, रंग-राग के अनुकूल है। कवि कल्पना यहाँ रुकती नहीं, आगे बढती है कि किरण धरा

पर झुककर प्रार्थना निरत है, उषा की गोद में नाचती है, बाल सूर्य के मुख का चुम्बन करती है, प्रकाश की लहरें उठाकर प्रकृति को आनन्द प्रदान करती है। स्वर्ग और भूलोक को मिलाती है, प्रेम का घर दिखाती है, फूलों के मन-मन्दिर को खोलती है। ये सब केवल कल्पना नहीं किरण के प्रकृत और प्रकृति है, प्रभात कालीन किरणें इन्हीं कार्यों में लीन हैं। कवि ने किरण के कार्य-व्यापारों को सार्थक एवं संगत कल्पनाओं के साथ चित्रित किया है। यह एक कल्पना-प्रधान कविता है, लेकिन कविता में आद्यन्त जो कल्पना है वह पाठकों की आस्वादन क्षमता को बढ़ावा देती है। अतः कवि की कल्पनाएँ स्निग्ध, कोमल, तरल एवं मृदुल अनुभूतियों से संचालित है। लेकिन यह कविता केवल कल्पनाप्रवण नहीं, भाव सम्पुष्ट है। कविता के अन्त में उसका अन्तर्भाव प्रकट होता है। फूलों के दिल खोलकर वसन्त को जगाने का कवि का आदेश अलसता और अज्ञता रूपी निद्रा में पड़े मानव के मन रूपी मन्दिर खोलकर उसे जगाने का सन्देश है, कर्मण्यता का सन्देश है। कवि ने किरण को जागरण की दूती के रूप में प्रस्तुत करके अलस मानव को नव जागरण का समादेश दिया है। किरण के द्वारा प्रेम का वासस्थान दिखाने का प्रयत्न किया है, प्रेम पर प्रश्रय दिया है।

कविता का कला पक्ष भाव के समान समृद्ध एवं सुन्दर है। विषय के अनुकूल अलंकारों का यथेष्ट प्रयोग है। अलंकार सार्थक और संगत है। उनकी छटा मनमोहक है। सुकोमल बिम्ब प्रतीकों की योजना है। लाक्षणिकता लावण्यमयी है। प्रसाद जी की भाषा-शैली विषय के अनुकूल मधुर एवं कोमल है, भाषा की चारुता ही प्रस्तुत कविता की सफलता है। खड़ी बोली का इतना कोमल प्रयोग दुर्लभ है। कविता की गीति-शैली लयात्मक और भावात्मक है। संक्षेप में सुकोमल कल्पनाओं और भावनाओं को सुमधुर भाषा-शैली में अभिव्यक्त एक 'स्वर्णिम कविता' है किरण।

कहानी समीक्षा

कहानी गद्य-साहित्य की लोकप्रिय विधा है। दरअसल उपन्यास और कहानी कथा-साहित्य के दो प्रकार है। उपन्यास विशाल और विस्तृत है, कहानी संक्षिप्त। साधारण रूप से कहानी में किसी एक प्रसंग का, चाहे मानव-जीवन से सम्बन्धित हो या अन्य हो, संक्षित वर्णन होता है। कहानी की समीक्षा भी अपेक्षाकृत सरल है। समीक्षक को कहानी पढ़कर उसके भाव को भली-भाँति समझना है साथ ही साथ शिल्प स्वरूप को भी। परम्परागत समीक्षा सिद्धान्त के अनुसार, कहानी को उसके तत्वों के आधार पर निरूपण करना है जैसे : कथावस्तु, पात्र और चरित्र, संवाद, वातावरण, भाषा-शैली और उद्देश्य। आधुनिक समीक्षा ने परम्परागत तत्वाधिष्ठत समीक्षा को परिवर्तित करने का प्रयत्न किया और समीक्षा के पाँच तत्वों का उल्लेख किया—प्रयोग तत्व, औत्सुक्य तत्व, भाव तत्व, वस्तु तत्व और शब्द तत्व। ये पाँच तत्व परम्परागत तत्वों से किसी न किसी प्रकार सम्बन्ध रखने वाले हैं। प्रयोग तत्व भाव एवं शिल्प में आए नए-नए प्रयोगों की ओर संकेत करता है। यह प्रयोग तत्व परम्परागत भाषा-शैली के अन्तर्गत आनेवाला है। औत्सुक्य तत्व, रोचकता और जिज्ञासा से सम्बन्धित है जो परम्परागत कथावस्तु के अंश है। भाव तत्व कहानी की मूल संवेदना और अनुभूतियों से सम्बन्धित है, परम्परागत वस्तु तत्व के भीतर दिखाई देता है। वस्तु तत्व में कथानक, वातावरण, पात्र और चरित्र है जो परम्परागत तत्वों में अलग-अलग दिखाई देते हैं। आधुनिक शब्द तत्व का सम्बन्ध पुराने तत्व भाषा-शैली से है। इस प्रकार कहानी समीक्षा के नये पुराने तत्वों पर उतना अन्तर दिखाई नहीं देता। लेकिन नये तत्वों ने कहानी के भाव पर, संवेदना पर, अनुभूतियों पर अधिक बल दिया है,

भाव एवं शिल्प के नये-नये प्रयोगों पर बल दिया है; नामकरण, चरमसीमा आदि पर जोर दिया है जो मूल्यांकन के लिए अनिवार्य है। कहानी के समीक्षक को परम्परागत तत्वों के साथ इन अनिवार्य नये तत्वों को मिलाकर मूल्यांकन करना है।

कहानी के भाव-तत्व का समीक्षक को संवेदनात्मक अध्ययन करना है। कहानी के केन्द्र भाव का सूक्ष्म विश्लेषण करना है। भावात्मक अनुभूतियों का मूल्यांकन करना है। भाव-तत्व के सूक्ष्म तत्वों की तलाश करनी है कि कहानी के कथ्य के जरिए कहानीकार क्या बताना चाहते हैं। 'पूस की रात' कहानी की समीक्षा करते वक्त पौष मास रात्रि की ठंड में हल्कू की मनोवृत्तियों की ओर ध्यान तो देना है लेकिन उससे बढकर खेती छोड़ने को अभिशप्त किसान की व्यथा और दुविधा का मूल्यांकन करना है जो कहानी का मूल-संवेद्य है। 'चीफ की दावत' कहानी का निरूपण चीफ की पार्टी के विवरणों के आधार पर नहीं, खून के रिश्तों की टूटन के आधार पर करना है। समीक्षक को मूल-संवेदन की अभिव्यक्ति की सफलता की जाँच करनी है। अगर मूल संवेदना की अभिव्यक्ति अनुभूति प्रवण नहीं है तो कहानी मार्मिक न रहेगी।

कहानी के परम्परागत मूल्यांकन आज भी संगत है। वस्तु चयन में कथानक की संक्षिप्तता, रोचकता और पठनीयता पर विचार करना है। इस तथ्य पर भी ध्यान देना है कि भाव पक्ष को समेटने में कहानी कहाँ तक सफल है। कहानी की समीक्षा में पात्र और चरित्र सृष्टि पर जरूर ध्यान देना है। कहानी के कम पात्र होने चाहिए। प्रमुख पात्रों की चरित्र सृष्टि की स्वाभाविकता और विश्वसनीयता पर विचार करना है और निरीक्षण करना है कि पाठकों को चरित्र कहाँ तक प्रभावित करते हैं। संवाद का मूल्यांकन पात्रानुकूलता एवं भावानुकूलता, सहजता एवं स्वाभाविकता के आधार पर करना है। कहानियों में वातावरण की निर्णायक भूमिका है। वातावरण के सृजन में कहानीकार की कुशलता का रेखांकन करना है। समीक्षक को इस बात पर विशेष बल देना है कि भाषा-शैली भाव एवं पात्र के अनुकूल हो, वातावरण के अनुकूल हो। कहानी समीक्षक को आलोच्य कहानी की भाषा की प्रेषणीयता, स्वाभाविकता,

पठनीयता, सहजता, प्रौढता, पात्र एवं भावानुकुलता की परीक्षा करनी है। संवाद योजना, भाषा वैविध्य की क्षमता की जाँच करनी है। भाषा प्रयोग की नवीनता और ताजगी पर विचार करना है। हरेक कहानी का अपना उद्देश्य है। मूल्यांकन करने वालों को परखना है कि उद्देश्य को प्रकट करने में कहानी कहाँ तक सफल हुई। अन्त में कहानी के आधुनिक समीक्षा सिद्धान्तों के अनुसार भाव एवं शिल्प में आए नए-नए प्रयोगों को ढूँढ निकालना है, कहानी के नामकरण की सार्थकता पर विचार करना है और कहानी का समूल मूल्यांकन करते हुए उसकी प्रासंगिता की आलोचना करनी है।

ठाकुर का कुआँ

–प्रेमचन्द

1

जोखू ने लोटा मुँह से लगाया तो पानी में सख्त बदबू आयी। गंगी से बोला–यह कैसा पानी है? मारे बास के पिया नहीं जाता। गला सूखा जा रहा है और तू सड़ा हुआ पानी पिलाए देती है।

गंगी प्रतिदिन शाम को पानी भर लिया करती थी। कुआँ दूर था; बार-बार जाना मुश्किल था। कल वह पानी लायी, तो उसमें बू बिलकुल न थी; आज पानी में बदबू कैसी? लोटा नाक से लगाया, तो सचमुच बदबू थी। जरूर कोई जानवर कुएँ में गिरकर मर गया होगा, मगर दूसरा पानी आवे कहाँ से?

ठाकुर के कुएँ पर कौन चढ़ने देगा। दूर से लोग डाँट बताएँगे। साहू का कुआँ गाँव के सिरे पर है; परन्तु वहाँ भी कौन पानी भरने देगा? चौथा कुआँ गाँव में है नहीं।

जोखू कई दिन से बीमार है। कुछ देर तक तो प्यास रोके चुप पड़ा रहा, फिर बोला–अब तो मारे प्यास के रहा नहीं जाता। ला, थोड़ा पानी नाक बन्द करके पी लूँ।

गंगी ने पानी न दिया। खराब पानी पीने से बीमारी बढ़ जायगी–इतना

जानती थी; परन्तु यह न जानती थी कि पानी को उबाल देने से उसकी खराबी जाती रहती है। बोली, यह पानी कैसे पियोगे? न जाने कौन जानवर मरा है। कुएँ से मैं दूसरा पानी लाये देती हूँ।

जोखू ने आश्चर्य से उसकी ओर देखा—दूसरा पानी कहाँ से लायेगी?

'ठाकुर और साहू के दो कुएँ तो हैं। क्या एक लोटा पानी न भरने देंगे?'

'हाथ-पाँव तुड़वा आयेगी और कुछ न होगा। बैठ चुपके से। ब्राह्मण-देवता आशीर्वाद देंगे, ठाकुर लाठी मारेंगे, साहुजी एक के पाँच लेंगे। गरीबों का दर्द कौन समझता है। हम तो मर भी जाते हैं, तो कोई दुआर पर झाँकने नहीं आता, कन्धा देना तो बड़ी बात है। ऐसे लोग कुएँ से पानी भरने देंगे?'

इन शब्दों में कड़ुवा सत्य था। गंगी क्या जवाब देती; किन्तु उसने वह बदबूदार पानी पीने को न दिया।

2

रात के नौ बजे थे। थके-माँदे मजदूर तो सो चुके थे, ठाकुर के दरवाजे पर दस-पाँच बेफिक्रे जमा थे। मैदानी बहादुरी का तो अब न जमाना रहा है, न मौका। कानूनी बहादुरी की बातें हो रही थीं; कितनी होशियारी से ठाकुर ने थानेदार को एक खास मुकदमे में रिश्वत दे दी और साफ निकल गये। कितनी अक्लमन्दी से एक मार्के के मुकद्दमे की नकल ले आये। नजिर और मोहितमिम, सभी कहते थे, नकल नहीं मिल सकती। कोई पचास माँगता; कोई सौ। यहाँ बेपैसे-कौड़ी नकल उड़ा दी। काम करने का ढंग चाहिए।

इसी समय गंगी कुएँ से पानी लेने पहुँची।

कुप्पी की धुँधली रोशनी कुएँ पर आ रही थी। गंगी जगत की आड़ में बैठी मौके का इन्तजार करने लगी। इस कुएँ का पानी सारा गाँव पीता है। किसी के लिए रोक नहीं; सिर्फ ये बदनसीब नहीं भर सकते।

गंगी का विद्रोही दिल रिवाजी पाबन्दियों और मजबूरियों पर चोटें करने लगा—हम क्यों नीच हैं और यह लोग क्यों ऊँच हैं? इसलिए कि

ये लोग गले में तागा डाल लेतें? यहाँ तो जितने हैं, एक-से-एक छँटे हैं? चोरी ये करें, जाल-फरेब ये करें, झूठे मुकद्दमे ये करें। अभी इस ठाकुर ने तो उरा दिन बेचारे गड़रिये की एक भेड़ चुरा ली थी और बाद में मारकर खा गया। इन्हीं पण्डितजी के घर में बारहों मासा जुआ होता है। यही साहूजी तो घी में तेल मिलाकर बेचते हैं। काम करा लेते हैं, मंजूरी देते नानी मरती है। किसी बात में हैं हमसे ऊँचे। हाँ, मुँह में हमसे ऊँचे हैं। हम गली-गली चिल्लाते नहीं कि हम ऊँचे हैं, हम ऊँचे हैं! कभी गाँव में आ जाती हूँ, तो रसभरी आँखों से देखने लगते हैं। जैसे सबकी छाती पर साँप लोटने लगता है, परन्तु घमण्ड यह कि हम ऊँचे हैं।

कुएँ पर किसी के आने की आहट हुई। गंगी की छाती धक-धक करने लगी। कहीं देख ले, तो गजब हो जाय।

एक लात भी तो नीचे न पड़े। उसने घड़ा और रस्सी उठा ली और झुककर चलती हुई एक वृक्ष के अँधेरे साये में जा खड़ी हुई। कब इन लोगों को दया आती है किसी पर। बेचारे महँगू को इतना मारा कि महीनों लहू थूकता रहा। इसलिए कि उसने बेगार न दी थी। उस पर ये लोग ऊँचे बनते हैं।

कुएँ पर दो स्त्रियाँ पानी भरने आयी थीं। इनमें बातें हो रही थीं।

'खाना खाने चले और हुक्म हुआ कि ताजा पानी भर लाओ। घड़े के लिए पैसे नहीं हैं।'

'हम लोगों को आराम से बैठे देखकर जैसे मरदों को जलन होती है।'

'हाँ, यह तो न हुआ कि कलसिया उठाकर भर लाते। बस, हुकुम चला दिया कि ताजा पानी लाओ, जैसे हम लौंडियाँ ही तो हैं।'

'लौंडिया नहीं तो और क्या हो तुम? रोटी-कपड़ा नहीं पातीं? दस-पाँच रुपये छीन-झपट कर ले ही लेती हो। और लौंडिया कैसी होती है।'

'मत लजाओ दीदी! छिन भर आराम करने को जी तरस कर रह जाता है। इतना काम किसी दूसरे के घर कर देती, तो इससे कहीं आराम से रहती। ऊपर से वह एहसान मानता। यहाँ काम करते-करते मर जाओ; पर किसी का मुँह ही नहीं सीधा होता।'

दोनों पानी भरकर चली गयीं तो गंगी वृक्ष की छाया से निकली और कुएँ के जगत के पास आयी। बेफिक्रे चले गये थे। ठाकुर भी दरवाजा बन्द कर अन्दर आँगन में सोने जा रहे थे। गंगी ने क्षणिक सुख की साँस ली। किसी तरह मैदान तो साफ हुआ। अमृत चुरा लाने के लिए जो राजकुमार किसी जमाने में गया था, वह भी शायद इतनी सावधानी के साथ और समझ-बूझकर न गया होगा। गंगी दबे पाँव कुएँ के जगत पर चढ़ी। विजय का ऐसा अनुभव उसे पहले कभी न हुआ था।

उसने रस्सी का फंदा घड़े में डाला। दायें-बायें चौकन्नी दृष्टि से देखा जैसे कोई सिपाही रात को शत्रु के किले में सुराख कर रहा हो। अगर इस समय वह पकड़ ली गयी, तो फिर उसके माफी या रिआयत की रत्ती-भर उम्मीद नहीं। अन्त में देवताओं को याद करके उसने कलेजा मजबूत किया और घड़ा कुएँ में डाल दिया।

घड़े ने पानी में गोता लगाया, बहुत ही आहिस्ता। जरा भी आवाज न हुई। गंगी ने दो चार हाथ जल्दी-जल्दी मारे। घड़ा कुएँ से मुँह तक आ पहुँचा। कोई बड़ा शहज़ोर पहलवान भी इतनी तेजी से उसे न खींच सकता था।

गंगी झुकी कि घड़े को पकड़कर जगत पर रखे कि, एकएक ठाकुर साहब का दरवाजा खुल गया। शेर का मुँह इससे अधिक भयानक न होगा।

गंगी की हाथ से रस्सी छूट गयी। रस्सी के साथ घड़ा धड़ाम से पानी में गिरा और कई क्षण तक पानी में हलकोरे की आवाजें सुनाई देती रहीं।

ठाकुर, 'कौन है, कौन है?' पुकारते हुए कुएँ की तरफ आ रहे थे और गंगी जगत से कूदकर भागी जा रही थी।

घर पहुँचकर देखा कि जोखू लोटा मुँह से लगाये वही मैला-गन्दा पानी पी रहा है।

ठाकुर का कुआँ–समीक्षा

प्रेमचन्द जी विश्व-स्तर के हिन्दी-कथाकार हैं, हिन्दी कथा साहित्य के नियंता हैं। हिन्दी कहानी और उपन्यास के वे मार्गदर्शक रहे। उन्होंने

लगभग तीन सौ कहानियाँ लिखीं। उनकी एक-एक कहानी हिन्दी कहानी के विकास की एक-एक सीढ़ी है। भाव एवं कला की दृष्टि से प्रेमचन्द जी की कहानियों की समता रखने वाली कहानियाँ अपूर्व हैं। उनकी एक बहुचर्चित कहानी है ठाकुर का कुआँ। यह कहानी जाति-भेद एवं छुआ-छूत की व्यवस्था से आहत दलितों की करुण त्रासदी की कहानी है।

कहानी का सार इस प्रकार है। अछूत जाति की गंगी अपने बीमार पति जोखू के लिए पानी की तलाश में ठाकुर के कुएँ की ओर जाती है, कारण दलितों के अपने कुएँ का पानी दूषित हो चुका था। उसे आशा थी कि रात के अन्धेरे में वह चुपचाप ठाकुर के कुएँ से पानी भर लेगी। जोखू बहुत प्यासा था। अछूत होने के नाते ऊँची जाती के सारे कुएँ दलितों के लिए निषिद्ध थे। गंगी के मन में ऊँचे लोगों के खिलाफ क्रान्ति की भावना जाग उठी। एक तरफ गंगी के मन में सुलगता विद्रोह, दूसरी तरफ ठाकुर से डर गंगी ठाकुर के कुएँ के पास पहुँच गई। मौका देखकर उसने पानी का घड़ा कुएँ में डाल दिया। पानी से भरा घड़ा ऊपर तक खींच चुकी थी, और उसे कुएँ की जगत में रखने ही वाली थी कि ठाकुर का दरवाजा खुला। ठाकुर का भयानक शब्द सुनाई पड़ा और वह कुएँ की तरफ आ रहा था। गंगी के हाथ से छूटी रस्सी के साथ घड़ा धड़ाम से पानी में गिरा। गंगी कुएँ की जगत से कूदकर भाग रही थी। घर पहुँचकर उसने देखा कि जोखू वही गन्दा-मैला पानी पी रहा है।

'ठाकुर का कुआँ' दलित-जीवन की त्रासद संवेदनाओं की कहानी है। प्रेमचन्द जी ने जाति-पाँत एवं छूआछूत की व्यवस्था से पीड़ित-शोषित जनसमुदाय की कारुणिक जीवन रेखाएँ प्रस्तुत कहानी में खींची है। भारतीय समाज-व्यवस्था के नियामकों द्वारा उसी समाज के एक अहं हिस्से के लिए रचे गए उस नरक को उसकी सम्पूर्ण विद्रुपता के साथ उजागर किया है। ठाकुर के लिए जोखू और गंगी इसलिए निन्दनीय हैं कि वे निम्न जाति के दलित हैं। उन्हें सवर्ण मानसिकता के पास से भटकने का अधिकार नहीं। यहाँ तक कि शुद्ध-जल पीने का अधिकार भी नहीं क्योंकि शुद्ध जल के कुएँ ऊँची जाति वालों के हैं। अपनी कठिन प्यास को बुझाने के लिए अन्त में जोखू गन्दा पानी पीने मजबूर रह गया। ठाकुर

के कुएँ से पानी भरने गंगी तो क्रान्तिकारी कदम उठाती है। लेकिन जाति-व्यवस्था इतनी कठोर थी कि ठाकुर के दरवाजे खुलते ही, उसके कठोर शब्द सुनते ही गंगी डर के मारे भाग जाती है। अन्त में उसे जोखू को गन्दा पानी पीते हुए देखना पड़ा। इस प्रकार 'ठाकुर का कुआँ' कहानी में अपने मानवीय अधिकारों से वंचित, सवर्ण मानसिकता की अमानवीयता से पीड़ित एक जन-समुदाय की दुर्दशा का सत्य-कथन है।

प्रस्तुत कहानी में प्रेमचन्द जी ने केवल दलित-उत्पीडन का चित्रण नहीं किया है, उनके लिए रचे गए नरक के विधाताओं के क्रूर-जघन्य चेहरे को बेनकाब किया है। अपने को ऊँचे और सभ्य कहने वाले ये लोग बेचारे गड़रिए की भेड़ की चोरी करते हैं और मारकर खाते हैं, दिन-रात जुए खेलते रहते हैं, घी में तेल मिलाकर बेचते हैं और गाँव की दलित नारियों को बुरी नजर से देखते हैं। यहाँ प्रेमचन्द जी यह स्पष्ट बताना चाहते हैं कि ये ऊँचे सभ्य लोग दिल से जितने नीच और कलंकित हैं। कहानी में गंगी के विद्रोह के जरिए दलितों के बीच उभरती क्रान्तिकारिता का जोरदार चित्रण किया गया है। रिवाजी पाबन्दियों पर गंगी का यह विद्रोह कहानीकार का अपना विद्रोह है कि–'हम क्यों नीच हैं और ये लोग क्यों ऊँच हैं? इसलिए कि ये लोग गले में तागा डाल लेते हैं। यहाँ तो जितने हैं, एक से छँटे हैं। चोरी ये करें, जाल फरेब ये करें, झूठे मुकदमे ये करें....किस बात में हैं हम से ऊँचे।' लेकिन कहानी की समाप्ति में गंगी असफल रह जाती है। गंगी के विद्रोह को दिखाकर प्रेमचन्द जी ने उसकी असफलता का चित्रण इसलिए किया है कि वे यथार्थ को प्रस्तुत करना चाहते थे। क्योंकि आज भी जोखू गन्दा पानी पीने को विवश है, गंगी ठाकुर के कुएँ की जगत से उठ भागती है, दलितों के लिए ठाकुर का कुआँ बन्द है। आज भी यह दुरस्थिति कायम है तो प्रेमचन्द जी के जमाने में स्थिति क्या होगी? इसलिए प्रेमचन्द जी ने आँखों देखा सत्य का अंकन किया है।

कहानी की कथावस्तु संक्षिप्त है। लेकिन अपनी संक्षिप्तता में भारतीय समाज की एक ज्वलंत समस्या को, दलित-शोषण को समेटने में कथावस्तु सक्षम रही है। कथावस्तु में केवल एक ही घटना का वर्णन है

जिसमें एक जन समुदाय की सम्पूर्ण व्यथा समाहित है। कथावस्तु जिज्ञासा भरी है। कहानी के दो प्रमुख पात्र हैं जोखू और गंगी। जोखू की उदासी और निसंगता, गंगी के विरोध और विषाद का जीवन्त चित्रण है। चन्द लमहों में प्रत्यक्ष ठाकुर के चरित्र में उस वर्ग के अहं और घमंड का समावेश है। संवाद भाव एवं पात्र के अनुकूल हैं। जोखू और गंगी के संवादों में उनका चरित्रगत अन्तर स्पष्ट है। कहानी का जिन्दा वातावरण है। दलित परिवेश और ठाकुर के कुएँ का वातावरण उसी प्रकार प्रस्तुत है जिस प्रकार वह दिखता है। जाति-व्यवस्था की निर्ममता, दलित जीवन की दुर्दशा और उसके प्रति विद्रोह और एक जाति-विहीन समाज की प्रतिष्ठा आदि कहानी के प्रमुख उद्देश्य रहे हैं। कहानी की भाषा-शैली भाव, प्रसंग और वातावरण के अनुकूल है। भिन्न वर्ग एवं जाति की भाषा के चित्रण में प्रेमचन्द जी का कोई सानी नहीं है। प्रस्तुत कहानी इस सत्य का समर्थन करती है। कुल मिलाकर यह कहानी केवल प्रेमचन्द की सर्वश्रेष्ठ कहानियों में एक नहीं बल्कि विश्व-साहित्य की श्रेष्ठ दलित कहानियों में एक है।

फिल्म समीक्षा : रचना प्रक्रिया

फिल्म समीक्षा आजकल समीक्षा का एक अनिवार्य अंग रह गयी है। सिनेमा सबसे लोकप्रिय मनोरंजक उपाधि है, इसलिए उसकी समीक्षा भी लोकप्रिय हो गई है। लेकिन कहानी और कविता के समान केवल साहित्यिक तत्वों के आधार पर फिल्मी-समीक्षा सम्भव नहीं। क्योंकि फिल्म में कला का अंश जितना है उतना तकनीक भी हे। सिनेमा कला और तकनीक का मिश्रण है। इसलिए फिल्म समीक्षक को इन दोनों की जानकारी आवश्यक है। फिल्म देखते वक्त समीक्षक को केवल सिने दर्शन' नहीं करना है, साधारण प्रेक्षक के समान। उसे फिल्म की कथा-गति के साथ अन्य कलात्मक एवं तकनीकी कार्यों पर ध्यान देना है। अभिनय, पटकथा, संवाद, छायांकन, सम्पादन, साज-सज्जा, नृत्य, संगीत आदि सिनेमा के छोटे-बड़े सारे घटकों पर जोर देना है। इन सारे विषयों पर ध्यान केन्द्रित करना कठिन-कार्य है। सफल समीक्षा के लिए तो इन सारे घटकों का अवबोध अनिवार्य है, पर सबसे महत्वपूर्ण-गम्भीर घटक निदेशन है। इसलिए समीक्षक को आद्यन्त निदेशन की विवेचना करनी है, निदेशक के गुण-दोषों का मूल्यांकन करना है।

फिल्म समीक्षा के अवसर पर समीक्षक को आलोच्य फिल्म का एक संक्षिप्त परिचय देना है और आवश्यक है तो फिल्म का संक्षिप्त कथा सार देना है। फिल्म के कथा-सूत्र का विवेचन करना है और मूल संवेदना का मूल्यांकन करना है। कथा-वस्तु विश्लेषण में पटकथा की भूमिका का, पटकथा के गुण-दोषों का विवेचन करना है। पटकथा के साथ संवाद-योजना की भी समीक्षा करनी है कि संवाद वस्तु, विषय, पात्र एवं भाव के अनुकूल हो, उसमें जिन्दगी की गन्ध हो, सशक्त एवं प्रभावशाली हो। फिर अभिनेताओं के अभिनय का विवेचन करना है कि उन्होंने अपने-अपने

पात्रों के प्रति न्याय किया है या नहीं। नायक और नायिका की भूमिका निभानेवालों और अन्य श्रेष्ठ अभिनेताओं पर विशेष ध्यान रखना है और उनके अभिनय का मूल्यांकन करना है और ढूँढ निकालना है कि फिल्म की सफलता-असफलता पर अभिनय का साथ है या नहीं। इसके बाद छायांकन की निपुणता और सम्पादन-कला की समीक्षा करनी है। फिर नृत्य, संगीत आदि की आस्वादन क्षमता पर विचार करना है और गीत-योजना के औचित्य पर विचार करना है, किसी गायक और गायिका का विशेष उल्लेख आवश्यकता के अनुसार करना है। फिल्म संघर्षात्मक एवं विस्फोटात्मक है तो संघर्ष और विस्फोट के तनाव का मूल्यांकन करना है। इतिहास, पुराण, सेना या किसी विशेष वर्ग या जन-जाति से सम्बन्धित सिनेमाओं की समीक्षा करते वक्त परिवेश चयन की निपुणता की समीक्षा जरूर करनी है। हरेक सिनेमा के घटकों और प्रसंगों में अन्तर जरूर होगा। समीक्षक को आलोच्य सिनेमा के आवश्यक घटकों के अनुसार निरूपण करना है। अन्त में फिल्म निदेशन का, निदेशक की क्षमता का विवेचन करना है। सिनेमा के अनिवार्य घटकों के संयोजन में, विषय-प्रस्तुतीकरण में, पात्र-सृष्टि में, अभिनय नियन्त्रण में, भाव संप्रेषण में, भाव एवं तकनीक के नयेपन में, दर्शकों के मन में फिल्म की प्रतिष्ठा करने में और अन्य घटकों में निदेशक की सफलता-विफलता का मूल्यांकन करना है। फिर फिल्म का संक्षिप्त अवलोकन करना है और समीक्षक का निष्पक्ष विचार प्रकट करना है।

यहाँ समीक्षा के, मलयालम, तमिल और हिन्दी के तीन उदाहरण दिए गए हैं। इन्हें मॉडल के रूप में स्वीकार करते हुए, अपने-अपने नए विचारों को जोड़कर अन्य फिल्मों की समीक्षा कीजिएगा।

पष़श्शि राजा (मलयालम फिल्म)

निर्माता : गोकुलम गोपालन

निदेशक : हरिहरन

गीतकार : ओ. एन. वी. कुरुप

संगीत : इलयराजा

कलाकार : मम्मूटी, शरत् कुमार, सुरेश कृष्णा, तिलकन, मनोज के. जयन, सुमन, पद्म प्रिया, कनिहा

ऐतिहासिक तथ्यों के अनुसार 1857 में फूट पड़े सिपाही विद्रोह को प्रथम स्वतन्त्रता संग्राम का दर्जा प्राप्त है। पर उससे भी करीब 200 साल पहले आदिवासी लोगों एवं कृषकों की सहायता से केरल में एक राजा ने अंग्रेजों के खिलाफ खुला युद्ध छेड़ा था। केरल सिंह के नाम से विख्यात उस राजा की लड़ाई केवल अपने अधिकार एवं विनष्ट ऐश्वर्य को प्राप्त करने के लिए नहीं थी बल्कि अपनी मातृभूमि में स्वतन्त्रता से जीने के लिए थी, अपनी मिट्टी की पवित्रता को बचाए रखने के लिए थी।

उन दिनों अंग्रेजों के खिलाफ टिप्पु सुल्तान की लड़ाई चल रही थी। लगान बढ़ाने से केरल के साधारण लोगों की बड़ी दुरस्थिति हो गयी। अंग्रेजों की यह अनीति और अत्याचार पषश्शि सह नहीं पाये। उन्होंने अंग्रेजों के खिलाफ खुला युद्ध छेड़ दिया। अपनी वैयक्तिक हानियाँ भूलकर देश के लिए लड़ने निकल पड़े पषश्शि की सहायता करने के लिए कुछ वीर योद्धा आते हैं। एडच्चेन कुंकन, कैतेरी अंपु, आदिवासी योद्धा तलक्कल चंतु और उसकी मंगेतर नीलि आदि। यहीं से कहानी एक नया मोड़ लेती है।

पषश्शि राजा एक इतिहास है। इसमें कुछ जोड़ने-छोड़ने की आवश्यकता नहीं। अग्नि की तरह प्रज्वलित सत्य। पषश्शि राजा सिनेमा भी वैसा है। इसकी चमक कभी भी कम नहीं होगी। निर्देशक के रूप में मलयालम फिल्मी दुनिया में अपनी धाक जमा चुके हरिहरन ने एक महत्वपूर्ण सिनेमा सहृदय समाज के सामने प्रस्तुत किया है। यह मात्र एक सिनेमा नहीं, 1700 के भारत का पुनः सृजन है। अंग्रेज ईस्ट इंडिया कम्पनी के उपनिवेश और उनका विरोध करने वाले केरल सिंह पषश्शि राजा का वीर चरित। वयनाडु के कृषकों की हड्डी तोड़ मेहनत और अतिक्रमण का इतिहास। कुरिच्चि सैनिकों की छापामर रणनीति का इतिहास। विदेशियों के अपमान और तिरस्कार के खिलाफ विद्रोह करने वाले एक वीर राजा और उन्हें जान से ज्यादा चाहने वाले लोगों की गाथा। पषरिश राजा की इस वीर गाथा

के फिल्मांकन में निदेशक को पूरी कामयाबी मिली है।

मम्मूटी की अभिनय क्षमता को पूरी तरह बाहर लाने में हरिहरन सफल निकले हैं। पषश्शि राजा के किरदार में मम्मूटी ने बहुत ही उम्दा अभिनय प्रस्तुत किया है। एक होनहार सिपाही की शारीरिक दृढता के साथ क्लैमाक्स के दृश्यों में मम्मूटी ने अपनी फिल्मी कैरियर का बेहतरीन प्रदर्शन प्रस्तुत किया है। भाव भंगिमा में वे सचमुच ही केरल सिंह लगते हैं।

निदेशक हरिहरन ने बड़ी सूक्ष्मता से हर शॉट को फिल्माया है। हॉलिवुड सिनेमा के समतुल्य फ्रैम, हर शॉट में हजारों कलाकार, प्रेक्षकों के हृदय को प्रकंपित करने वाले युद्ध-दृश्य, सुरीला संगीत...भारतीय स्वतन्त्रता संग्राम के इतिहास के लिए हरिहरन का साहसिक समर्पण।

सोने पर सुहागा जैसा है रस्सूल पूक्कुटी का ध्वनि मिश्रण। पत्ते की ज़रा सी सरसराहट भी पूरी सूक्ष्मता और तीव्रता के साथ अंकित करने में उन्हें पूरी सफलता मिली है। लड़ाई के दृश्यों में तलवारों की आपसी टकराहट की ध्वनि प्रेक्षक के कानों में जो विकार पैदा करती है, यह रस्सूल को भली-भाँती मालूम था। यहाँ तक पात्रों के दिल की धड़क्कन को भी प्रेक्षकों तक पहुँचाने में वे समर्थ निकले। इलयराजा का संगीत तन-मन में पुलक और आवेश भर देता है और उसका फिल्मांकन भी उम्दा तरीके से किया गया है। इडच्चेन कुंकन के किरदार में शरत् कुमार प्रेक्षकों के दिल में छा जाता है। एक मलयाली अभिनेता से भी अधिक उस किरदार के साथ तादाकार स्थापित करने में शरत् को कामयाबी मिली है। सिनेमा के पूर्वाधं में वह पषश्शि राजा का साया बनकर रह जाता है। पर उत्तरार्ध में पषयंवीडन चंतु के साथ हुई लड़ाई के दृश्य अत्यंत तन्मयता के साथ वे प्रस्तुत कर पाए। कैतेरी अंबु के सामने अपने भूतकालीन जीवन को याद करने वाले कुंकन का चित्र प्रेक्षकों के दिल में संवेदना की लहर पैदा करता है।

पद्मप्रिया ने बेहतरीन अभिनय प्रस्तुत किया है। नीली का किरदार उनकी फिल्मी कैरियर की कसौटी बन गया है। युद्ध के दृश्यों में इस अभिनेत्री ने अपनी पूरी दक्षता का परिचय दिया है। पर पषश्शि राजा की

पत्नी के किरदार में कनिहा उतनी निखर नहीं उठी। पषयंवीडन चंतु की भूमिका में सुमन का अभिनय औसत स्तर का कहा जा सकता है। कैतेरी अंपु की भूमिका निभाने में सुरेश कृष्णा को पूरी सफलता मिली है। कुरूंपनाडन राजा की भूमिका तिलकन के हाथों में सुरक्षित है। नेडुमुडी वेणु, कैप्टन राजू, मामुक्कोया, अजयरत्नम, देवन, उर्मिला उण्णी आदि ने भी अपने-अपने किरदार को अत्यंत स्वाभाविकता के साथ परदे पर उतारा। पर जगती श्रीकुमार और जगदीश के किरदार केवल ठिठोलिया बनकर रह गए। उनकी कॉमडी फूहड़ कॉमडी बनकर रह गई।

तलक्कल चंतु का किरदार 'पषश्शि राजा' की चमक और बढ़ाता है। मनोज. के. जयन का तलक्कल चंतु प्रेक्षकों के हृदय में अमिट छाप छोड़ देता है। अपने अंतिम क्षणों में भी अंग्रेजों के सामने घुटने टेकने के लिए तैयार न होने वाले चंतु के साथ मनोज के. जयन ने पूरी ईमानदारी निभायी।

पषरिश राजा का अंग्रेजी संवाद, अंग्रेजी सेना के साथ अकेले भिड़ने आदि दृश्यों में थोडी और स्वाभाविकता प्रदान की जा सकती थी। रामनाथ शेट्टी, वेणु और मनोज पिल्लै का फोटोग्राफी सराहनीय है। हॉलिवुड सिनेमाओं की जैसी तकनीकी खूबी प्रदान करने में इन तीनों ने कोई कसर नहीं छोड़ी है। रवि देवन का ऐक्शन निदेशन भी बहुत बढ़िया है।

अपनी रचना शैली में एम. टी. वासुदेवन नायरजी काफी बदलाव लाए हैं। यह सिनेमा डायलॉग पर आधारित नहीं। डायलॉग से भी ज्यादा हर पात्र ने विभिन्न भावों को अपने चेहरे से प्रकट किया है।

पषश्शि राजा थियेटर का दृश्य विस्मय है। सचमुच यह मलयालम सिनेमा का सिरताज बनकर चमक रहा है।

मुतल मरियाते–तमिल फिल्म

निर्माता – भारतीराजा
निदेशक – भारतीराजा
गीत – वैरमुत्तू
संगीत – इलयराजा

कलाकार- शिवाजी गणेशन, राधा, दीपन, रंजिनी.

महा प्रतिभाओं का संगम अपूर्व है। तमिल सिनेमा में श्री. शिवाजी गणेशन अभिनय कला के पर्याय हैं, युगांतरकारी कलाकार हैं जिन्होंने तमिल सिनेमा को नृत्य-संगीत के धरातल से संवाद एवं अभिनय के धरातल पर प्रतिष्ठित किया। भारतीराजा तमिल-सिनेमा के प्रौढ़ एवं प्रिय निदेशक हैं। वे मुख्य रूप से ग्रामीण जीवन के चतुर चितेरे हैं, मध्यवर्ती सिनेमा के उन्नायकों में प्रमुख हैं। इन दोनों का संगम है 'मुतल मरियातै' अर्थात प्रथम आदर।

मुतल मरियातै फिल्म में ग्रामीण वातवरण में एक अपूर्व प्रेम-कथा का आविष्कार है। अधेड़ उम्र का मलैचामी तेवर गाँव का मुखिया है। घर के बाहर वह सर्वादरणीय है, घर के भीतर कठोर पत्नी से तिरस्कृत एवं अपमानित। असल में पत्नी को वह चाहता नहीं था, उससे शादी करने को वह विवश रह गया। पत्नी अपनी जवानी में बदचलन थी और अवैध गर्भधारण किया था। उसके पिता ने अपमान से बचने के लिए बेटी की शादी दामाद तेवर से की, जो अनाथ था और उस पर आश्रित था। मलैचामी तेवर के पास और कोई उपाय नहीं था। तब से लेकर पत्नी पोण्णता के साथ तेवर का कोई सम्बन्ध नहीं रहा, पति-पत्नी सम्बन्ध भी। लेकिन पत्नी की अवैध संतान को उसने अपनी बेटी के रूप में स्वीकार किया। अपनी पुश्तैनी मर्यादा का पालन करने में तेवर ने इस रहस्य को छिपाकर रखा था। तेवर बाहर से मिलनसार, उदार एवं सरस व्यक्ति था, लेकिन भीतर से दुखी और हताश था। इस बीच उस गाँव में एक बनजारा परिवार आता है और वहीं डेरा डालता है। परिवार के दो सदस्य थे, एक पिता और बेटी कुयिल। कुयिल देखने में सुन्दर थी, उसका तेवर से परिचय होता है। धीरे-धीरे दोनों का परिचय बढ़ता चला जा रहा है। तेवर की मनोव्यथा को समझकर कुयिल ने उसे सप्रेम सांत्वना प्रदान की। कुयिल का सामिप्य तेवर के लिए सुखद अनुभव था। दोनों का पवित्र प्रेम था, आत्मीय प्रेम था, मांसलता का कोई स्थान नहीं था। तेवर की पत्नी इस सम्बन्ध को लेकर खुलेआम पति का परिहास करती है। इस अवसर पर तेवर की पत्नी का पूर्व प्रेमी, जो उसकी बेटी का असली पिता था,

लौट आता है। तेवर का अपमान और विनाश उसका लक्ष्य था। यह जानकर कुयिल ने उसकी हत्या की और उसे दंड मिला। जेल में तेवर का कुयिल से मिलन हुआ और कुयिल ने हत्या का कारण बता दिया। अपनी मान-मर्यादा की रक्षा के लिए कुयिल के त्याग भाव ने तेवर को झकझोरा। वह उसी कुटिया में जा बसा जिसे छोड़कर कुयिल चली गयी थी। महीने बीत गए, तेवर बीमार पड़ा, उसका अंत निकट आया। उसके मुँह से मात्र कुयिल शब्द बाहर निकलता था। ग्रामवासियों के प्रयत्न के कारण एक दिन तेवर को देखने पुलिस के साथ कुयिल आई। तेवर के हाथों में वह पुरानी माला थी, जो कुयिल ने दी थी। तेवर ने माला कुयिल के हाथों रख दी और प्राण छोड़ दिए। पुलिस कुयिल को लेकर लौट चली। रेलगाड़ी जेल के निकटस्थ स्टेशन पर पहुँच गई। लेकिन कुयिल निश्चल बैठी रही। वह कब के मर गई थी, उसके हाथों में वह माला थी।

'मुतल मरियातै' सिनेमा की कथावस्तु अत्यंत त्रासद है, अनुभूति प्रवण है। परम्परागत सिनेमा शैली को छोड़कर अधेड़ तेवर और युवती कुयिल के प्रेम के ज़रिए भारतीराजा ने तमिल फिल्म में प्रेम के एक नए आयाम प्रस्तुत किए। इस मुख्य प्रेम कथा के साथ तेवर के भतीजे और उसकी प्रेमिका की एक दारूण प्रेम कथा भी है। मुख्य कथा से जुड़ी हुई वह उपकथा आगे निकलती है। भारतीराजा की पट-कथा में ग्राम संस्कार की खूबियों के साथ पवित्र-प्रेम संस्कार की दिलतोड़ अभिव्यक्ति है। संवाद पात्र, भाव एवं परिवेश के अनुकूल है, सारगर्भित है। कण्णन का छायांकन सिनेमा की और एक सविशेषता है। ग्रामीण संस्कार के कोना कोना झांकनेवाला छायांकन उसी प्रकार अभिनेताओं की भाव भंगिमा का अंकन भी करता है। हरेक 'शॉट' आकर्षक है। फिल्म का संपादन कार्य भी अत्यंत सतर्कता से किया गया है। फिल्म का ऐसा कोई 'शॉट' नहीं जो असंगत है। कथा की गतिशीलता को ध्यान में रखकर संपादन का सफल निर्वाह किया गया है। फिल्म के गीतकार है वैरमुत्तु और संगीतकार इलयराजा। वैरमुत्तु ने ग्रामीण लोक-गीत की शैली में सारपूर्ण गीत लिखे हैं। इलयराजा के लोक-गीत के सम पर ताल देनेवाला संगीत है, जो कथा गति को तीव्रता प्रदान करता है। मलेशिया—वासुदेवऩ और के. एस.

चित्रा के नाद-सौन्दर्य विशेष उल्लेखनीय है। पात्रों की साज सज्जा इतनी स्वाभाविक है कि लगता है वे पात्र नहीं याथार्थ ग्रामीण हैं। तमिलनाडु के एक अपरिष्कृत गाँव का 'लोकेशन' या परिवेश फिल्म का एक पात्र बन जाता है, नदी, नाले, खेत, खेती, किसान, मल्लाह, ग्रामीण इलाके सबों का सीधा प्रसारण है।

फिल्म की सबसे बड़ी खूबी अभिनय कला की निपुणता है। श्री शिवाजी गणेशन के जिन्हें भावाभिनय के विश्वविद्यालय कहा करते हैं, अभिनय जीवन के अविस्मरणीय पात्र है मलैचामी तेवर। बिना किसी साज-सज्जा के उनका प्रस्तुतीकरण बिलकुल सराहनीय है। शिवाजी गणेशन ऐसा एक अभिनेता है जिनके चेहरे पर मानव-जीवन की सारी भाव-भंगिमाएँ सुरक्षित हैं। लेकिन कभी-कभी भावों का अजस्र प्रवाह उनके अभिनय में दिखाई देता है, लेकिन इस फिल्म में उनका अभिनय बिल्कुल संयत, नियंत्रित सहज एवं स्वाभाविक है। बाहर हंसते हुए भीतर रोने वाले व्यक्ति की व्यथा और बाहर आदरणीय एवं घर के भीतर अपमानित व्यक्ति की मनोवेदना, अप्रिय, कठोर नारी के साथ जीने अभिशप्त पति की दुविधा, पवित्र-प्रेम की आर्द्र अनुभूतियों की सुखद पीड़ा, और प्रेम-पीड़ा में मरने की व्याकुलता, न जाने शिवाजी गणेशन के कितने-कितने भाव दर्शकों के दिल को कचोटते हैं। निसन्देह महान-अभिनेता शिवाजी गणेशन की अभिनय कला के कुछ महत्वपूर्ण मुहूर्त इस फिल्म में अंकित हैं।

कुयिल की भूमिका में राधा का अभिनय विस्मयकारी है। तमिल सिनेमा की उस ग्लैमर नायिका ने इस ग्लैमर हीन भूमिका में अपनी समस्त क्षमता का समावेश किया है। महा अभिनेता शिवाजी के सामने वह कभी निष्प्रभ नहीं होती बल्कि प्रोज्वलित होती है। त्रासद प्रेम कहानी की नायिका की यह भूमिका राधा के अभिनय जीवन की सर्वश्रेष्ठ भूमिका है। युवा प्रेमी, प्रेमिकाओं के किरदार में दीपन और रंजिनी बिलकुल सफल। पोण्णता की कठोरता को वडिवुक्करशी ने पूर्ण रूप से संभाला है। ग्रामीण दलित की भूमिका में वीराचामी का अभिनय विशेष उल्लेखनीय है।

भारती राजा तमिल सिनेमा के प्रौढ़ एवं कुशल शिल्पी हैं। प्रस्तुत फिल्म के हरेक 'शॉट' में इस निदेशक की सूक्ष्म दृष्टि पड़ी है। ग्राम संस्कृति के अणु-अणु से परिचित भारती राजा ने उस संस्कृति के एक एक अंश को जीवंत बना दिया है। कथा के विकास में, अभिनय के संतुलन में, छायांकन और संपादन में, साज सज्जा में यहाँ तक संगीत में भी भारती राजा का संस्पर्श है। बन्धन मुक्त प्रेमानुभूति को, ग्रामीण निष्कलंकता एवं संस्कृति को, पवित्र प्रेम की आर्द्रता एवं त्रासदी को दर्शाने निदेशक पूर्ण सफल हुए हैं। भारती राजा ने शिवाजी गणेशन के प्रति अपना 'प्रथम आदर' प्रकट करने के लिए इस सिनेमा का निर्माण किया है। लेकिन इस फिल्म के जरिए उन्होंने शिवाजी गणेशन को एक अविस्मरणीय पात्र प्रदान किया और अपने कैरियर में एक मील पत्थर की स्थापना की। इस कलात्मक लेकिन कमाईवाली फिल्म का तमिल सिने-इतिहास में स्वर्णांकन है।

रावण (हिन्दी फिल्म)

निर्माता – निदेशक – मणिरत्नम
गीत – गुलजार
संगीत – ए.आर. रहमान
कलाकार – अभिषेक बच्चन, ऐश्वर्या राय, विक्रम, गोविन्दा, निखिल द्विवेदी, रवि किशन

विख्यात निदेशक श्री मणिरत्नम द्वारा निदेशित नवीनतम फिल्म है रावण जो रामायण को आधार बनाकर फिल्माया गया। रामायण की कहानी को आधुनिक सन्दर्भों से जोड़कर दिखाने की कोशिश इसमें हुई है। अनेक चेहरेवाले रावण को एक अलग नज़रिए से दिखाने का, समझाने का प्रयास निदेशक की तरफ से हुआ है।

फिल्म शुरू होती है रामायण के उस किस्से से जिसमें रावण द्वारा सीता का अपहरण किया जाता है। बीरा (अभिषेक बच्चन) जिसे रावण के रूप में दिखाया गया है, देव (विक्रम) की पत्नी रागिनी (ऐश्वर्या राय) का अपहरण कर उसे घने जंगलों में ले जाता है। विक्रम को हम राम के

किरदार से जोड़ सकते हैं जो एक हनुमाननुमा किरदार (गोविंदा) और अपनी सेना के साथ अपनी पत्नी को छुड़ाने जाता है।

दरअसल रामायण का यह प्रसंग मणिरत्नम ने सीता के नज़रिये से दिखाया है। यह एक नया और बेहतरीन एंगल है। चौदह दिन तक बीरा के साथ रहने पर रागिनी को एहसास होता है कि जिसे वह रावण समझ रही है वो इतना बुरा नहीं है। उसके अन्दर भी राम है और अपने पति जिसे वह भगवान का दर्जा देती है, कहीं न कहीं गलत है। अच्छाई के पाले से निकलकर जब वह बुराई के साथ खड़ी होती है तो दोनों को विभाजित करने वाली रेखा उसके लिए धुंधली होती जाती है। इस बात के समर्थन के लिए कई घटनाओं का चित्रण तो फिल्मकार ने किया है, पर वे पूरी तरह कामयाब नहीं हो पाए हैं।

बीरा रागिनी का अपहरण इसलिए करता है क्योंकि पुलिसवालों ने उसकी बहन की शादी के दिन ही बीरा को पकड़ने की कोशिश की थी। बीरा जब भाग निकला, तो पुलिस वाले मंडप से उसकी बहन को उठा ले गए और उसके साथ बलात्कार किया। बहन ने आत्महत्या की और बीरा बदले की आग से सुलग उठा।

इंटरवेल तक रागिनी की नजरों में अपना पति देव हीरो है। बाद में उसकी नज़रों में वह खलनायक बन जाता है क्योंकि वह, बीरा को मारने की कोशिश कर रहा है।

फिल्म में कई ऐसी घटनाएँ हैं जो रामायण की कथा से मेल खाने के लिए रखी हुई हैं। रागिनी को पाने के बाद देव उससे पूछता है कि क्या उसे बीरा ने चौदह दिन और चौदह रातों में एक बार भी नहीं छुआ। जब रागिनी इससे इनकार करती है तो वह पोलिग्राफ टेस्ट (सीता की अग्निपरीक्षा) करने के लिए कहता है। हालांकि वह बीरा को मारने के लिए ऐसा कहता है। क्योंकि उसे पता है कि उसकी इस हरकत के कारण रागिनी उसे छोड़कर बीरा के पास चली जाएगी। इस घटनाक्रम के कारण क्लैमाक्स अच्छा बन पड़ा है। जहाँ तक नक्सलवाद की बात है, उसे सतही तरीके से मणिरत्नम ने छुआ है और उनका पक्ष दिखाने की क़ोशिश की है।

फिल्म पूर्वार्ध में काफी धीमी गति से आगे बढ़ती है। दूसरे हाफ में घटनाक्रम तेजी से बढ़ता है। मणिरत्नम हर शॉट को बेहतरीन तरीके से फिल्माने में माहीर हैं और 'रावण' में भी कुछ उम्दा शॉट नज़र आते हैं। प्रकृति का उन्होंने अच्छा उपयोग किया है। धूप, हरे-भरे जंगल, नदी, झरने, बारिश, धुंध आदि का बेहतरीन चित्र फिल्म में नज़र आते हैं। इसके लिए सिनेमाटोग्राफर सन्तोष शिवन और मणिकांतन की विशेष तारीफ की जानी चाहिए।

अभिषेक बच्चन अपने किरदार के साथ ईमानदारी बरतने में पूरी तरह सफल नहीं हुए। उनके पास अच्छा अवसर था जिसका वे पूरा लाभ नहीं उठा पाए। कई दृश्यों में उनका अभिनय काफी अच्छा लगता है? लेकिन कई जगह ओवर एक्टिंग है। वे अपने चरित्र के अनुरूप खौफ पैदा नहीं कर पाए।

कम मेकअप में भी ऐश्वर्या राय सुन्दर लगती हैं। पूरी फिल्म में उनका अभिनय सबसे अच्छा है। डर, गुस्से और प्यार को उन्होंने अच्छी तरह अभिव्यक्त किया है। विक्रम के किरदार के साथ निदेशक ने न्याय नहीं किया है। उन्हें साइड हीरो बना दिया गया। गोविन्दा और रवि किशन ने अच्छा अभिनय किया है। फिल्म का संगीत लोकप्रिय नहीं हो पाया, पर गानों का फिल्मांकन बेहतरीन तरीके से किया गया है। फिल्म के संवाद औसत स्तर का ही कह सकते हैं।

रावण की परत में कई अर्थ छिपे हैं। दर्शक अपनी-अपनी विचारधारा और विश्वास के अनुसार उनसे सहमत या असहमत हो सकते हैं।

लेख : स्वरूप और सर्जना

लेख गद्य का एक प्रकार है। लेख को निबन्ध का पर्याय भी कहा जाता है, दोनों को एक ही अर्थ में प्रयोग किया जाता है। लेख और निबन्ध में साम्य है तो वैषम्य भी स्पष्ट है। निबन्ध में लेखन कार्य है और लेख में भी। अंग्रेजी में निबन्ध को 'एस्से' कहा करते हैं और लेख को 'आर्टिकल'। निबन्ध और लेख का अन्तर है–

लेख	**निबन्ध**
विषय प्रधान है	- व्यक्तित्व प्रधान है
निर्वैयक्तिक है	- निजता प्रधान है
लेख में लेखक अपना मत प्रकट करता है	- निबन्ध में मत प्रकट नहीं होता
लेख उतना साहित्यिक नहीं	- निबन्ध साहित्यिक है
लेख की विषय सीमा है	- निबन्ध की विषय सीमा नहीं
लेख विषय केन्द्रित है	- निबन्ध केन्द्र विषय की धुरी पर अन्य अनेक विषयों की चर्चा करता है
लेख में पांडित्य प्रदर्शन नहीं	- निबन्ध में पांडित्य प्रदर्शन है।
लेख में लेखन के व्यक्तित्व की छाप नहीं चाहिए	- निबन्ध में लेखक के व्यक्तित्व की छाप अनिवार्य है।
लेख उतना बौद्धिक नहीं	- निबन्ध में बुद्धि तत्व की प्रधानता है
लेख के नाना प्रकार नहीं	- निबन्ध के नाना प्रकार हैं

लेख का रचयिता अपनी मनोवृत्ति के अनुसार रुचि तथा आदर्श के अनुसार या अपनी अध्ययन क्षमता के अनुसार, किसी विषय को स्वीकार करता है। उस विषय पर विस्तार के साथ या संक्षेप में अपना मत प्रकट

करता है। उसका ध्यान विषय केन्द्रित रहेगा। अथवा यों कहें कि कोई व्यक्ति अपनी रुचि के अनुसार किसी विषय पर विषय-बद्ध होकर अपना विचार प्रकट करता है तो उसे लेख कहा करते हैं।

लेख की सर्जना करते वक्त विषय का अवबोध अपेक्षित है, इसलिए विषय पर अतिरिक्त ध्यान देना है। लेख की कोई निश्चित सीमा नहीं फिर भी लेख संक्षिप्त रहना चाहिए। प्रिय कवि या अभिनेता पर लेख लिखते हैं तो हमें उस कवि या अभिनेता तक सीमित रहना चाहिए। कविता क्या है? कविता के प्रकार और प्रकृत क्या हैं, कविता का विकास किस प्रकार हुआ है आदि पर उतना ध्यान नहीं देना है। जिस कवि को हम चाहते हैं उस विषय पर अर्थात उस कवि पर लेखन कार्य संबद्ध रहना चाहिए उनके व्यक्तित्व, कृतित्व, काव्य-क्षमता, कला-क्षमता आदि का उल्लेख करते हुए साहित्य जगत में उनका स्थान निर्धारित करना चाहिए। निबन्ध के समान बीच-बीच में अपने व्यक्तित्व की मुद्रा छोड़ने का प्रयत्न सर्जक को मत करना है। इसी प्रकार किसी उत्सव पर लेख लिखते समय हमारे विचार उस उत्सव तक सीमित रहना चाहिए। लेख में मत-प्रकटन का कार्य जरूर करना है। उपर्युक्त कवि या अभिनेता के विषय पर लेखक को अपना मत तो प्रकट करना ही है। लेखक को अपने मत के अनुकूल दूसरों के मत को समेटने का कार्य भी करना है। लेख में जहाँ तक बौद्धिकता की आवश्यकता है, अत्यंत सतर्क होकर उसका निर्वाह करना चाहिए। बौद्धिकता की अधिकता लेखक के पांडित्य प्रदर्शन और व्यक्तित्व पर प्रश्रय देगी। लेख में बुद्धि तत्व और पांडित्य प्रदर्शन का महत्व नहीं है। लेख का एक प्रारंभ, विकास और अंत चाहिए, उनके ज़रिए लेखक का मत स्पष्ट प्रकट होना है। लेख सार युक्त होना चाहिए। लेख में तथ्य कथन का महत्व है इसलिए अनावश्यक वर्णन और विवरण से बचना है। विषय प्रधान होने के कारण विषयानुकूल भाषा का प्रयोग करना है। गंभीर बौद्धिक भाषा के प्रयोग की माँग लेख नहीं करता। लेख में सरल, सहज भाषा का प्रयोग चाहिए।

यहाँ प्रिय कवि (मलयालम के कवि कुमारनाशान), प्रिय उपन्यासकार (प्रेमचन्द) प्रिय अभिनेता (मोहनलाल) पर लेख के उदाहरण दिए गए हैं।

प्रिय कवि–कुमारनाशान

महाकवि कुमारनाशान मेरे प्रिय कवि हैं। मलयालम भाषा के इस महान कवि की प्रतिभा ने भाषा की सीमाओं का उल्लंघन किया है। केरल की राजधानी तिरुअनंतपुरम के कायिक्करा नामक गाँव में 1873 में एक निम्न मध्यवर्गीय परिवार में उनका जन्म हुआ था। बचपन से ही कविता के प्रति कुमारन का लगाव था। कुमारन को काव्य-रचना की प्रेरणा अपने पिता से मिली। केरल के महान आत्मीय गुरु श्री. नारायण गुरु से भेंट कुमारन के जीवन की एक महत्वपूर्ण घटना थी। गुरु ने कुमारन की क्षमता के दर्शन किए। अतः कुमारन गुरु के वत्सल शिष्य हो गया। कुमारन को उन्नत शिक्षा प्राप्त करने की तीव्र अभिलाषा थी। लेकिन अभाव के कारण उनकी पढ़ाई बीच में रुक गई थी। नारायण गुरु ने पढ़ाई जारी रखने में उनकी सहायता की। इस बीच कुमारन ने बच्चों को संस्कृत सिखाना शुरू किया और कुमारन कुमारनाशान हो गए। नारायण गुरु ने कुमारनाशान को ऊँची शिक्षा पाने बैंगलूर भेज दिया फिर वहाँ से कोलकाता। शिक्षा के बाद कुमारन आशान लौट आए अपनी सर्जना में मग्न रहे। गुरु से मिलने के पहले आशान को शृंगार के प्रति लगाव था। गुरु ने उपदेश दिया कि अन्य विषयों पर लेखनी चलानी है। किशोर अवस्था में प्रादेशिक पत्रिकाओं में उनकी रचनाएँ छप आयी थीं फिर पुस्तक के रूप में। आशान का रूमानी मन था, वे अनेक दर्शनों से प्रभावित थे खासकर बौद्ध दर्शन से। आशान जाति-व्यवस्था के शिकार थे, वे अवर्ण थे 'ईषवा' नामक पिछड़ी जाति के थे। इसलिए उन्हें जातिगत तिरस्कार के कटु अनुभवों का सामना करना पड़ा। इस अन्याय के प्रति उनका विद्रोह प्रबल था। इन्हीं मनोवृत्तियों से प्रेरित होकर उनकी कविताएँ निकलीं जिनमें आध्यात्मिकता, दार्शनिकता, क्रान्तिकारिता, प्रेम भावना और काल्पनिकता का संगम था।

'वीणपूवु' आशान की सर्वश्रेष्ठ रचना है जिसे खंडकाव्य भी कहा करते हैं और लम्बी कविता भी 'वीणपूवु' का मतलब है मुरझाया गिरा फूल। मुरझाया फूल को देखकर कुमारनाशान की तीव्र काव्य-भावनाएँ

जाग उठीं। फूले फले अवसर पर, फूल का अपार सौन्दर्य था, उसे चाहनेवाले अनेक थे, अपने सौन्दर्य पर उसका गर्व था। फिर वह फूल मुरझ गया' नीचे गिर गया, उसका सारा सौन्दर्य खो गया, उसे चाहने वाला कोई नहीं रहा, सारा अहं निरर्थक रह गया। फूल की यह दयनीय दशा कवि को एक विचारक बना देती है तो सौन्दर्य एवं यौवन की क्षणिकता, जीवन की नश्वरता और अहं की व्यर्थता की अनुभूतियों का प्रवाह हुआ, वीणपुवू कविता का जन्म हुआ। आशय गांभीर्य एवं काव्य चारुता की यह एक अनश्वर कविता रह गई। महाकाव्य की गरिमा रखने वाली यह लंबी कविता पाठकों के दिल को कचोटती रहती है। नलिनी, लीला, चंडाल-भिक्षुकी, करुणा, चिंताविष्टयाय सीता, दुरवस्था, प्ररोदनम आदि आशान की अन्य प्रसिद्ध काव्य कृतियाँ हैं। 'नलिनी' में नलिनी और प्रेमी दिवाकरन के पवित्र-प्रेम तथा प्रेम जन्य राग-विराग की तीव्र अनुभूतियों का वर्णन है। राग-विराग की संघर्षात्मक- संवेदनाओं की गहन अनुभूति ने इस काव्य को चिर प्रतिष्ठा प्रदान की है। लीला आशान का और एक प्रेम-काव्य है जिसमें लीला और मदनन की प्रेम-कथा है। कवि ने लीला के उज्ज्वल प्रेम का अत्यंत वैकारिक चित्रण किया है और अपने प्रेमादर्श का निरूपण किया है। 'चंडाल भिक्षुकी' में कवि ने एक बौद्ध कथा के जरिए जाति-व्यवस्था के अधर्म पर कठोर प्रहार किया, छुआछूत और जाति-भेद को उखाड़ फेंकने का सन्देश दिया। आशान की विख्यात कृति 'करुणा' में भी बौद्ध दर्शन की उत्प्रेरणा है। वासवदत्ता नामक वेश्या का बुद्ध भिक्षु उपगुप्त के प्रति प्रेम की इस कथा में वासवदत्ता की दिलतोड़ त्रासदी है। इस दुख-गाथा में आशान ने बौद्ध दर्शन के उपदेशों को काव्यात्मक बना दिया। 'चिंताविष्टयाय सीता' आशान की श्रेष्ठतम काव्य-रचना है जिसमें उपेक्षित सीता के मथित मनोव्यापारों का उरस्पर्शी चित्रण है। आशान ने तिरस्कृत सीता के विचारों में आधुनिक नारी के विकारों को समेटा। इस कृति ने सिद्ध किया कि आशान अनुभूतियों के अप्रतिम कवि हैं। 'दुखस्या' में आशान की क्रांति चरम सीमा तक पहुँच गई। ब्राह्मण युवती सावित्री और हरिजन युवक चात्तन की प्रेम कहानी ने हलचल मचा दी। वर्षों से चले आ रहे अनाचारों, अधर्मों, जातिगत

भेद-भाव के विरुद्ध यह एक काव्यात्मक ललकार था। इस कृति में व्यवस्थाओं को बदलने का आशान ने जो आह्वान किया है वह हरेक मलयाली को कंठस्थ है। 'प्ररोदनम' आशान का शोकगीत है जो राजा रवि वर्मा के निधन पर रचा गया है। आशान की तत्वाचिंता संपूर्ण काव्यात्मकता के साथ इस कृति में समाहित है।

कुमारन आशान केवल मलयालम के नहीं भारत के अग्रणी कवि हैं। अनुभूतिप्रवणता में उनकी समता रखने वाले नहीं के बराबर हैं। वे सच्चे अर्थों में भाव-गायक थे। आशा, निराशा, वेदना, राग-विराग, मिलन-विरह, जीवन की नश्वरता आदि दिली-संवेदनाओं की उनकी अभिव्यक्ति अनन्य है। लेकिन आश्चर्य की बात यह है कि आशान जितने अनुभूति प्रवण थे उतने क्रान्तिकारी थे। पुराने आचारों-विचारों की जड़ें उखाड़ने जाति भेद एवं छुआछूत के अन्याय के विरुद्ध तूलिका की तलवार से लड़ने में उनकी अपार क्षमता थी। उनकी प्रौढ़ गंभीर, सुकोमल स्निग्ध भाषा शैली ताजा है। संवेदनात्मक विषयों में उनकी भाषा आर्द्र है तो क्रान्ति के संदर्भ में ओजस्वी एवं चुभती। प्रकृति की सुचारु बिम्ब-योजना आशान-शैली की सबसे बड़ी विशेषता है। मानवीकरण अलंकार के अनेक सार्थक संदर्भ है, उनके काव्य में। आशान को मरे लगभग छियास्सी वर्ष बीत गए। लेकिन उनकी कविताएँ आज भी नूतन हैं, प्रासंगिक हैं। आने वाले कल में भी उनकी कविता की ताजगी कम नहीं होगी। महाकाव्य के बिना महाकवि बने यह भावप्रवण कवि कुमारनाशान मेरे सर्वप्रिय कवि हैं।

प्रिय उपन्यासकार–प्रेमचन्द

विश्व स्तर के हिन्दी कथाकार प्रेमचन्द जी मेरे प्रिय उपन्यासकार हैं। वे हिन्दी उपन्यास के आधार-स्तंभ हैं, मेरुदंड हैं। हिन्दी उपन्यास के विकास में और उसे विश्व-साहित्य से जुटाने में प्रेमचन्द जी का योगदान निर्णायक है। उन्होंने तिलस्मी जासूसी धरातल से हिन्दी उपन्यास को ऊपर उठाया और सस्ते मनोरंजन के स्थान पर तड़पते युग-जीवन को प्रतिष्ठित किया। मानव-जीवन को उपन्यास का विषय बनाते हुए उन्होंने हिन्दी उपन्यास की सशक्त नींव डाली। प्रेमचन्द जी ने आँखें खोलकर तत्कालीन समाज

को देखा और उसे अपनी लेखनी के द्वारा साकार बना दिया। इसलिए प्रेमचन्द जी का रचना-संसार प्रेम और सौन्दर्य का, सांस्कृतिक गौरव का रंगीला संसार नहीं रहा, भारत की निरालम्ब जनता का रेतीला संसार रहा। उनके उपन्यासों के माध्यम से पहले पहल किसान और मजदूर जैसे साधारण जन को आवाज मिली, अछूत और अनाथों को वाणी मिली, पीड़ित नारी की संवेदनाएँ तड़प उठीं। साथ ही साथ मध्य वर्ग और उच्च वर्ग की सारी समस्याओं का उन्होंने अंकन किया। भारत की ऐसी कोई समस्या नहीं जिसे प्रेमचन्द जी ने नहीं रचा है, ऐसा कोई पात्र नहीं जिसका उन्होंने चित्रण नहीं किया है।

सेवासदन, प्रेमाश्रम, निर्मला, रंगभूमि, गबन, गोदान, आदि प्रेमचन्द जी के श्रेष्ठ उपन्यास हैं। 'मंगल सूत्र' उनका अधूरा उपन्यास है। इसके अलावा प्रतिज्ञा, वरदान, कायाकल्प—आदि उपन्यास भी उन्होंने रचे हैं। प्रेमचन्द जी का एक-एक उपन्यास भारतीय जन-जीवन का एक परिच्छेद है। सेवासदन में दहेज, अनमेल विवाह, वेश्यावृत्ति आदि नारी की ज्वलंत समस्याओं का चित्रण किया गया है। प्रेमाश्रम में किसान और जमींदार के संघर्ष के जरिए किसानों के शोषण का चित्रण है। निर्मला उपन्यास में अनमेल विवाह से पीड़ित एक किशोर-युवती की वेदना एवं विह्वलता का मार्मिक चित्रण है। 'रंगभूमि' में औद्योगीकरण की समस्या के साथ पूँजीवादी व्यवस्था की हृदयहीनता का हृदयहारी वर्णन है। 'कर्मभूमि' में गाँव एवं नगर की समस्याओं को आधार बनाकर अछूत समस्या को उभारा गया है। 'गबन' में मध्य वर्गीय जीवन के राग-विराग का, नारी की आभूषण प्रियता की प्रतिक्रिया का चित्रण है। 'गोदान' अन्तर्राष्ट्रीय ख्याति प्राप्त हिन्दी उपन्यास है, जो भारतीय कृषक-जीवन का 'महाकाव्य' है। इसमें किसानों की दारुण समस्याओं के साथ खेतीबारी के विनाश के यथार्थ को निरूपित किया गया है। गोदान में नगर-जीवन एवं उच्च वर्ग की समस्याओं को भी समेटकर प्रेमचन्द जी ने संपूर्ण भारतीय जन-जीवन की रूप-रेखा प्रस्तुत की है। 'वरदान' उपन्यास में अनमेल विवाह की समस्याओं की अभिव्यक्ति है ओर 'कायाकल्प' में अलौकिकता को लौकिकता से मिलाकर किसानों की दुर्दशा का चित्रण किया गया है।

प्रतिज्ञा उपन्यास विधवा समस्याओं पर आधारित उपन्यास है। प्रेमचन्द जी का अधूरा उपन्यास 'मंगल सूत्र' एक साहित्यकार के जीवन-संघर्ष एवं आदर्श और यथार्थ को लेकर आत्म-संघर्ष का चित्रण है जिसमें समय के यथार्थ का सत्यांकन है।

असल में प्रेमचन्द जी हिन्दी के एकमात्र सार्वजनिक कथाकार हैं। हिन्दी के अन्य कोई उपन्यासकार प्रेमचन्द जी की कोटि में नहीं आता। क्योंकि उनमें से एक भी ऐसा उपन्यासकार नहीं है जो प्रेमचन्द जी के समान प्रत्येक बौद्धिक स्तर में, प्रत्येक सामाजिक वर्ग में, प्रत्येक आर्थिक कठघरे में समान रूप से स्वीकृत और प्रशंसित हो। प्रेमचन्द जी के उपन्यासों की विशेषता केवल विषय या समस्या वैविध्य नहीं है। उनका चिंतन और उद्देश्य भी महान है। उनके अनुसार साहित्यकार का पद ऊँचा है। केवल मनोरंजन साहित्य का धर्म नहीं है। साहित्यकार पथ-प्रदर्शक होता है, मनुष्यत्व को जगाने वाला है, सद्भावों का संचार करानेवाला है। अपने इस दृष्टिकोण के अनुसार प्रेमचन्द जी ने हिन्दी साहित्य का पथ-प्रदर्शन किया, मनुष्यत्व को जगाया, सद्भावों का विकास किया। आदर्श और यथार्थ का समावेश प्रेमचन्द जी के उपन्यासों की और एक खूबी है। उनके प्रारंभिक उपन्यासों में आदर्श की मात्रा अधिक है। तो अन्तिम उपन्यासों में यथार्थ। दीन दुखियों का उद्धार और मानवता की स्थापना प्रेमचन्द जी का उद्देश्य था। इसलिए उनके आदर्श परक उपन्यासों में भी जीवन का कठोर यथार्थ है और यथार्थवादी उपन्यासों के पीछे मानव-मंगल का आदर्श है। प्रेमचन्द जी की व्यापक सहानुभूति थी। इसलिए उन्होंने गरीबों की विवशता के साथ अमीरों की संवेदनाओं की अभिव्यक्ति की। लेकिन अधर्म, अन्याय और अत्याचार के वे जानी दुश्मन थे। प्रेमचन्द जन शोषक सामाजिक व्यवस्था के विध्वंसक, जाति-भेद, छुआछूत, सांप्रदायिकता, असमत्व, नारी-उत्पीड़न आदि अनाचारों के विभंजक स्वार्थ एवं निरंकुश शासकों के विघातक थे। प्रेमचन्द जी के उपन्यासों में केवल आदर्श का चन्दन लेपन नहीं, अन्याय के विरुद्ध आक्रोश की अग्निज्वालाएँ भी हैं। ऐसी सामाजिक प्रतिबद्धता अल्पपूर्व है। इस प्रकार प्रेमचन्द जी ने हिन्दी उपन्यास का पथ प्रशस्त किया।

उपन्यास के कथ्य में नहीं, शिल्प में भी प्रेमचन्द जी ने नई क्रान्ति मचा दी। उन्होंने कथावस्तु को स्वाभाविकता और रोचकता प्रदान करते हुए सुगठित बना दिया। पात्रों को हमारे पड़ोसी बना दिया, मनोविज्ञान के सहारे उनके चरित्र का रू-ब-रू चित्रण किया। संवाद को पात्र एवं भावानुकूल बनाकर नई स्फूर्ति प्रदान की। देश-काल और वातावरण का जीवंत चित्रण करके उपन्यासों को युग-जीवन का दर्पण बना दिया। पात्रों के वर्ग, वंश, और भाव के अनुकूल जन-साधारण की भाषा का प्रयोग किया। मुहावरों और कहावतों का प्रयोग करके शैली को स्वाभाविकता और रोचकता प्रदान की। इस प्रकार प्रेमचन्द जी ने हिन्दी उपन्यास को अपना यथार्थ स्वरूप प्रदान किया, साँचा प्रदान किया। आज भी हिन्दी उपन्यास समय के अनुकूल थोड़े परिवर्तन के साथ उसी साँचे में ढला जाता है। अतः प्रेमचन्द जी आधुनिक हिन्दी उपन्यास के निर्माता मात्र नहीं, नियंता भी हैं। उनके उपन्यास नितप्रांसगिक हैं, कालजयी हैं। उन्होंने जिन-जिन समस्याओं की ओर संकेत किया है, आज भी भारतीय समाज उन्हीं समस्याओं में फँसा हुआ है। आज के बदलते माहौल में मेरे सर्वप्रिय इस विश्व-विजयी हिन्दी उपन्यासकार का महत्व दिन-दिन बढ़ता चला जा रहा है।

प्रिय अभिनेता–मोहन लाल

मेरा प्रिय अभिनेता श्री मोहन लाल है। गत तीन दशकों से दर्शकों के मन में बसनेवाला मोहनलाल अभिनय कला के उस पार पहुँचे अभिनेता हैं। फिल्मी दुनिया विशाल एवं गतिशील है, जहाँ तीन दशकों में अटल रहना, उसके बाद भी अपने अव्वल अस्तित्व को बनाए रखना श्रमसाध्य है। अभिनय कला के मर्मज्ञ इस क्षेत्र में स्थिर रहते हैं, बाकी कुछ समय तक टिमटिमाते हैं, फिर अदृश्य हो जाते हैं। मोहन लाल अभिनय कला के माहिर हैं और सिने-जगत में उनकी ख्याति बढ़ती चली जा रही है। तिरुअनंतपुरम के निवासी मोहन लाल किशोर अवस्था में फिल्म-अभिनेता हो गए। वे मुख्य रूप से 'मलयालम' के अभिनेता हैं और अभिनय-जीवन के लम्बे अरसे में भारत की अन्य प्रमुख भाषाओं की फिल्मों में सशक्त

भूमिकाएँ निभाई। इस प्रकार केरल के कलाकार भारत के कलाकार हो गए।

मोहन लाल की अभिनय-सीमा अत्यंत व्यापक है। विभिन्न प्रकार के पात्रों को उन्होंने सामान रूप से प्राण फूँक दिए। चाहे युवा हो, अधेड़ उम्र का हो या बूढ़ा हो, पुरुष जीवन की सारी अवस्थाएँ अपनी संपूर्ण वास्तविकता के साथ उनके हाथों में सुरक्षित है। प्रेमी, पति, भाई, बेटा, गुण्डा, पियक्कड़, लॉरी चालक, विद्रोही, कुमार्गी, पुलिस अफसर, सैनिक-अफसर इंजिनीयर, डाक्टर आदि विभिन्न भूमिकाएँ इस अभिनेता के जरिए अपनी संपूर्णता हासिल करती हैं। 'चित्रम' के बाहर हँसते लेकिन भीतर रोनेवाले विष्णु, 'किरीटम' के नियति के शिकार सेतुमाधवन, 'देवासुरम' के निषेधी, 'स्फटिकम' के बदमाश तोमा, 'पक्षे' के असंगत पति, 'अमृतम गमया' के आत्म-पीड़ा से पीड़ित डाक्टर, 'भरतम' के संघर्ष पीड़ित भाई, 'वानप्रस्थम' के निराश कलाकार, 'कीर्तिचक्रा' के मेजर, 'तन्मात्रा' के त्रासद हीरो बीमार रमेशन नायर, 'परदेशी' के स्वत्व भ्रष्ट बूढा मूसा 'भ्रमरम' के निरपराध अपराधी आदि प्रौढ़-गंभीर भूमिकाओं में मोहन लाल ने जितनी सहज अभिनय प्रतिभा दिखाई है, उतनी प्रतिभा के धनी भारतीय सिने जगत में नहीं के बराबर हैं। कला फिल्म, समानांतर फिल्म और मुख्यधारा फिल्म में मोहन लाल अत्यंत सफल रहे। स्वाभाविकता एवं सहजता मोहनलाल की अभिनय कला की निजी विशेषता है। अभिनय कला की इस अपूर्व क्षमता के कारण मोहनलाल को दर्शकों के 'पड़ोसी' का इमेज मिला है। हास्य व्यंग्य के प्रसंगो में, संघर्षात्मक वैकारिक प्रसंगों में इतनी सुगमता अन्यत्र दुर्लभ है। नृत्य दृश्यों में दर्शकों को आकृष्ट करने में वे निपुण हैं। जब वे संगीतकार की भूमिका निभाते हैं तो स्वयं संगीतकार हो जाते हैं। तीव्र संवदेनात्मक प्रसंगों में भी मोहन लाल का अभिनय सीमा का उल्लंघन नहीं करता। अभिनय की यह 'मितव्यता' मोहन लाल के अभिनय की अस्मिता है। मोहन लाल आज मात्र मलयालम के अभिनेता नहीं, राष्ट्रीय एवं अन्तर्राष्ट्रीय अभिनेता हैं। तमिल, हिन्दी, कन्नड़ जैसी फिल्मों में भी उन्होंने अपनी क्षमता दिखाई है। उनका बिलकुल संयत, नियंत्रित लेकिन उज्ज्वल अभिनय, अभिनय कला

सीखनेवालों के लिए एक मॉडल (model) है। इसलिए वे मलयालम के सबसे लोकप्रिय अभिनेता हो गए। मोहन लाल को सिने जगत में आए तीस वर्ष हुए, लेकिन दर्शकों के लिए आज भी उनका अभिनय ताजा है। चित्रम, किलुक्कम, आराम तंपुरान, मणिचित्रत्ताषु, किरीटम, स्फटिकम आदि मलयालम की सर्वाधिक कमाईवाली फिल्में मोहनलाल की हैं। श्रेष्ठ अभिनेता के राष्ट्रीय एवं राज्य पुरस्कार उन्हें कई बार मिले हैं। भारत सरकार ने पद्मश्री पुरस्कार से उनका सम्मान किया है। अतः अभिनय कला के ये महारथी मेरे प्रिय अभिनेता हैं।

फीचर–स्वरूप और सर्जना

फीचर आधुनिक लेखन-विधा है जो पत्रकारिता के क्षेत्र में विकसित, पल्लवित एवं समृद्ध हुई है। निबन्ध और लेख से बहुत सीमा तक निकटता रखनेवाला यह गद्य-रूप इन दोनों ही विधाओं से पर्याप्त भिन्न है। फीचर ऐसा लेख है जिसका गठन किसी घटना, स्थिति अथवा जीवन के किसी पक्ष के आधार पर होता है। इसकी रचना मनोरंजन एवं सूचना के उद्देश्य से की जाती है। यह एक ऐसा गद्य रूप है, जिसमें ज्ञान, कल्पना, यथार्थ, कौतूहल आदि भावात्मक घटकों का समावेश है। दृश्यात्मकता इसका आवश्यक गुण है। अर्थात कहने का ढंग ऐसा हो कि पाठक के सामने उस स्थान, परिवेश और घटना का चित्र खड़ा हो जाए। यह स्पष्ट विश्लेषण शैली में लिखा गया गद्य रूप है। कल्पना का समुचित समावेश इसके प्रभाव को बढ़ाता है। फीचर का समाचार से सम्बन्ध है, लेकिन समाचार को ऐसा रूप दिया जाता है कि वह और आकर्षक बने, पाठक का ध्यान खींचे और सामान्य पाठक की भावना को छू जाए। यह सच है कि फीचर में समाचार का आधार निहित है, किन्तु वह सिर्फ समाचार नहीं। क्योंकि समाचार का अस्तित्व क्षणिक है, लेकिन फीचर समाचार का उपयोग करते हुए सदैव पठनीय और ताजगी लिए जुड़ा रहता है। दूसरे शब्दों में फीचर सूचनात्मकता और भावनात्मकता और काल्पनिकता का पुट देकर ऐसा प्रस्तुत किया जाता है कि मुख्य तथ्य की विश्वसनीयता और पुष्ट होती चलती है। विषय की दृष्टि से फीचर के नाना प्रकार हैं सांस्कृतिक, प्राकृतिक, साहित्यिक, राजनीतिक, घटनापरक आदि। युद्ध, अकाल, दुर्घटना, दंगा, आन्दोलन आदि किसी भी विषय पर फीचर संभव है।

फीचर-लेखन-प्रक्रिया का पहला बिन्दु विषय-चयन है। लोक-रूचि के अनुसार लोक-मानस को छूने लायक विषय को स्वीकार करना है। ऐसा विषय स्वीकारें जो पाठकों की जिज्ञासा जगाएँ और नई जानकारी प्रदान करें। विषय की प्रासंगिकता और उपयोगिता पर ध्यान देना है। विषय ऐसा होना चाहिए जिसमें लेखक के नवोद्‌भावन को अवसर मिले। रचना प्रक्रिया का दूसरा बिन्दू सामग्री संकलन है। इसके लिए लेखक को विषय-वस्तु के निकट जाना होता है। विषय किसी घटना, मेला या पर्यटन स्थल का है तो लेखक को उन्हीं जगहों पर पूरी तैयारी के साथ जाना होता है और विषय सामग्री का संकलन करना है। अतः निरीक्षण यहाँ अनिवार्य है। साथ ही साथ उस घटना के दर्शकों से बातें करनी चाहिए और विषय के सत्य का निरूपण करना है। सामग्री संकलन के बाद सर्जना की प्रक्रिया शुरू करनी है। फीचर का प्रारंभ प्रभावशाली होना चाहिए। इसलिए प्रारंभ में संक्षिप्त रूप में रोचकता के साथ फीचर का परिचय दिया जाए, पाठक का आकर्षण बढ़ाया जाए। आरंभ के बाद विषय का उद्‌घाटन करना है। विषय की जो रूपरेखा मन में है उसके अनुसार आगे बढते रहना चाहिए। फीचर के लिए विश्वसनीयता अनिवार्य है इसलिए विषय की वास्तविकता पर जरूर बल देना है। पाठक की जिज्ञासा को बनाए रखना लेखक का कर्तव्य है। फीचर पर लेखक के व्यक्तित्व की छाप नहीं पड़नी चाहिए। फीचर लेखक मुख्यतः पत्रकार का दायित्व निभाता है। इसलिए लेखक का व्यक्तित्व जितना छिपा रहेगा उतना फीचर सफल रहेगा। फीचर का अंतिम भाग एक तरह से सारांश होता है। यह आवश्यक नहीं, लेखक निष्कर्ष गिनाए। उचित यह है कि फीचर के विषय को समसामयिकता से जोड़कर अपनी बात समाप्त करना। कुछ ऐसे प्रश्न छोड़ देना, जिसका उत्तर पाठक तलाशे। फीचर की भाषा-शैली अत्यंत रोचक और कुतूहल-प्रधान होनी चाहिए। फीचर के विषय के अनुकूल, लेकिन नवीन, आकर्षक शीर्षक देना है।

फीचर : एक दुर्घटना

एक बार मुझे अपनी बहन की शादी में भाग लेने के लिए दिल्ली जाना पड़ा था। मैं प्रायः दिल्ली में बस से जाना पसंद करता हूँ। इस बार मैंने

सोचा कि दिल्ली की यात्रा रेल से करूँ। आरक्षण के लिए काफी प्रयास तो किया, पर प्रयास निष्फल रहा। अतः मैंने साधारण डिब्बों में ही यात्रा करने का इरादा कर लिया। सभी तैयारी कर स्टेशन पर पहुँचा और टिकट लेने में हुई परेशानी को झेलता हुआ मैं गाड़ी की ओर बढ़ा। कई डिब्बों में झाँका लेकिन कोई खाली सीट नज़र न आई। अन्त में एक भाई साहब के साथ मैं अंतिम डिब्बे में सवार हो गया। गाड़ी ठीक समय पर चल दी। धीरे-धीरे तेज़ रफ्तार पकड़ती हुई गाड़ी भागने लगी। अनेक छोटे-छोटे स्टेशनों को छोड़ती हुई गाड़ी पूरी गति से भाग रही थी। गाड़ी में बैठे कुछ लोग ऊँघ रहे थे, कुछ सो रहे थे, कुछ बातों में लगे थे तथा कुछ ताश खेल रहे थे। अचानक राजपुरा स्टेशन के पास भयानक टकराहट का शब्द हुआ।

लाइन मैन ने गलती से गाड़ी को एक ऐसी लाइन पर ले लिया जिस पर पहले से ही मालगाड़ी दूसरी दिशा से आकर खड़ी थी।

हमारी गाड़ी अपने तेज़ वेग से चल रही थी। किसी भी तरह ब्रेक लगाना संभव न था, दुर्घटना को टाला नहीं जा सकता था। दोनों गाड़ियों के इंजन एक दूसरे से धडाम से टकराये। गाड़ी के कई डिब्बे लाइन से नीचे उतरकर कुछ दूरी पर जा गिरे। टकराहट इतनी भीषण थी कि आगे के पाँच डिब्बे तो चकनाचूर हो गए। उनमें बैठे यात्रियों में कोई भी ऐसा व्यक्ति नहीं था जो चोटग्रस्त न हुआ हो। हमारे डिब्बे और पीछे के दस डिब्बे लगभग सुरक्षित थे। यद्यपि कुछ डिब्बे पटरी से उतरे थे, पर लोगों को चोट नहीं आई। पर इस भयानक हादसे से सभी बिलकुल खामोश और डरे हुए थे। स्त्रियाँ और बच्चे जोर-जोर से रो रहे थे। मैं भयभीत खड़ा था। आगे के डिब्बों के आधे से अधिक यात्री मृत्यु के शिकार हो गए थे। कुछ ऐसी स्थिति में थे कि जीवन और मौत के संघर्ष में अंतिम साँसें गिन रहे थे। चारों ओर कुछ दूरी पर लाशों के ढेर पडे थे। किसी का भी शव पहचाना नहीं जा सकता था। इतनी बड़ी गाड़ी में हज़ारों व्यक्ति यात्रा कर रहे थे। उनमें से कितने मरे तथा कितने मृत्यु शय्या पर थे, कितने घातक चोट खाकर मूर्च्छित पड़े थे, उनकी गणना असंभव सी

हो गई थी। मैंने यथाशक्ति इधर-उधर दबे लोगों को बचाने का और निकालने का प्रयास किया। चार छोटे-छोटे बच्चों को, जो अलग-अलग डिब्बों में बेहोश और घायल पड़े थे, बचाने में मैं सफल हुआ। मेरे वस्त्र खून से लथपथ हो गये थे। अनेक शवों को उठाने में, घायलों को यथाशक्ति सहायता देने में मैं दौड़ता-भागता रहा।

दुर्घटना होने के तत्काल बाद स्थानीय डाक्टरों का दल आ गया। सभी कर्मचारी भाग-दौड़ करने लगे। मृतकों के शवों को अलग किया गया। जिनमें अभी साँस चल रही थी, उनके लिए तत्काल उपचार का प्रबन्ध करके एम्बुलेन्स गाड़ियों में अस्पताल भेजा गया। सबके सामान की रखवाली पुलिस कर रही थी। सब लोगों की प्रारंभिक चिकित्सा का वहाँ प्रबन्ध किया गया।

मानव जीवन वस्तुतः सुख दुख की आँख मिचौनी है। इस विश्व में सदैव एक सी स्थिति में कभी कोई प्राणी नहीं रहता है। सुखों के क्षण और दुखों की भयावह घटनाएँ मानस पटल पर अंकित हो जाती हैं। इस घटना की याद करते समय मेरे शरीर में आज भी सिहरन हो जाती है। ईश्वर मानव को ऐसे दुर्घटनाओं से बचाए।

संचार : अर्थ और महत्त्व

किसी भी सूचना, विचार या भाव को दूसरों तक पहुँचाना ही मोटे तौर पर संचार या कम्युनिकेशन कहलाता है। एक साथ लाखों-करोड़ों लोगों तक एक सूचना को पहुँचाना ही संचार या जनसंचार या मास कम्युनिकेशन मीडिया कहलाता है। मानव सभ्यता के विकास में संचार की महत्वपूर्ण भूमिका रही है। वैसे तो सभ्यता के विकास के साथ ही मनुष्य किसी न किसी रूप में संचार करता रहता है। जब आज की तरह टेलीफोन, इंटरनेट आदि की सुविधाएँ नहीं थीं, तब लोग चिट्‌ठी लिख कर अपना हाल-समाचार लोगों तक पहुँचाते और दूसरों का समाचार जानते थे। जब डाक व्यवस्था नहीं थी, तब लोग संदेश भेजने वालों जिन्हें संवदिया कहा जाता था, के माध्यम से एक गाँव से दूसरे गाँव तक संदेश भेजते या मँगाते थे।

पुराने समय में राजा के हरकारे पैदल या घोड़े की सवारी करते हुए राजा के संदेश राजधानी से दूसरी जगहों पर ले जाते और वहाँ से ले आते थे। पुराने जमाने में लोग कबूतरों के जरिए अपना संदेश भेजा करते थे। यही व्यवस्था बाद में एक सरकारी विभाग डाक-विभाग बनाकर सबके लिए सुलभ कर दी गई थी। अब हर कोई एक निश्चित शुल्क देकर अपना संदेश एक स्थान से दूसरे स्थान तक आसानी से भेज सकता है। अब तो डाक व्यवस्था में इतने आधुनिक उपकरणों का इस्तेमाल किया जाने लगा है कि संदेश तार के जरिए पलक झपकते एक स्थान से दूसरे स्थान तक पहुँचा दिया जाता है। तार जिस मशीन से भेजा जाता है उसका ही विकसित रूप टेलीप्रिंटर कहा जाता है। इसके अलावा फैक्स, ई-मेल के ज़रिए पलक झपकते सूचनाओं का आदान-प्रदान किया जा

सकता है। इन उपकरणों के आ जाने से सिर्फ डाक प्रणाली में नहीं, बल्कि संचार माध्यमों को सूचनाएँ इकट्ठी करने और प्रसारित करने में भी काफी सुविधा हुई है।

संचार का अर्थ सिर्फ व्यक्ति का अपना हाल-समाचार दूसरों तक पहुँचाने तक सीमित नहीं है। हर व्यक्ति अपने या अपने संबंधियों की सूचनाएँ जानने के अलावा देश-दुनिया की खबरों के बारे में जानने का इच्छुक होता है। उसके आस-पास क्या हो रहा है, दुनिया में कहाँ क्या घटना घट रही है, सबकी जानकारी प्राप्त करना चाहता है। सूचनाओं की इसी भूख के चलते संचार माध्यमों का लगातार विकास और विस्तार होता गया। आज अमेरिका में राष्ट्रपति का चुनाव होता है या ईराक में लड़ाई छिड़ती है तो हर किसी की निगाह उस ओर लगी रहती है कि वहाँ क्या हो रहा है। वह हर पल की खबरें जानना चाहता है। अगर आस्ट्रेलिया में क्रिकेट मैच हो रहा होता है तो आपकी जिज्ञासा बनी रहती है कि किस टीम की क्या स्थिति चल रही है। इसी तरह तो लोग व्यवसाय या किसी व्यापार से जुड़े हैं या शिक्षा संबंधी जानकारी चाहते हैं, उनके लिए भी हर पल बाजार में वस्तुओं की कीमतों और शेयरों के उतार-चढ़ाव की खबरें जानना ज़रूरी होता है, दुनिया में शिक्षा के क्षेत्र में हो रहे प्रयोगों के बारे में जानने की जिज्ञासा रहती है। किसानों को मौसम और खेती में इस्तेमाल होने वाली नई तकनीक की जानकारी काफ़ी मददगार साबित होती है। ज़रा सोचिए अगर, अखबार, रेडियो, दूरदर्शन, मोबाइल जैसे संचार माध्यम न होते तो क्या ये सूचनाएँ हम तक पहुँच पातीं।

अब संचार की बढ़ती जरूरतों को देखते हुए तरह-तरह के संचार माध्यमों का विकास कर लिया गया है। जल्दी-से-जल्दी सूचनाएँ पहुँचाने की दुनिया भर में होड़ लगी हुई है। पहले निर्धारित समय पर और एक निश्चित समय के लिए समाचारों का प्रसारण हुआ करता था, अब चौबीसों घंटे देश दुनिया की खबरों के प्रसारण लगातार दूरदर्शन के चैनलों में चलते रहते हैं।

विचारों, भावों और सूचनाओं को एक स्थान से दूसरे स्थान पर

पहुँचाना ही संचार माध्यम का मुख्य काम होता है। संचार माध्यों में समाचार, पत्र, रेडियो, दूरदर्शन आदि का महत्त्व बहुत अधिक है जिस कारण इनसे जुड़ा प्रेस वर्ग यानी पत्रकार वर्ग आज चौथा खंभा के नाम से जाना जाता है। पत्रकारिता की दुनिया को चौथी दुनिया (Fourth Estate) की संज्ञा दी गई है। संचार माध्यमों के मोटे तौर पर तीन उद्देश्य माने जा सकते हैं–

सूचना पहुँचाना

मनोरंजन और

शिक्षा

हालांकि यह माना जाता है कि संचार माध्यम का मुख्य उद्देश्य सूचनाएँ पहुँचाना होता है। लेकिन जब हम रेडियो सुनते हैं या टेलीजिन देखते हैं तो उसमें कार्यक्रमों का बहुत बड़ा हिस्सा मनोरंजन को ध्यान में रख कर प्रसारित किया जाता है। जरा सोचिए, रेडियो पर अगर चौबीसों घंटे सिर्फ समाचार प्रसारित किए जाएँ तो श्रोता उसे कितनी देर सुनेंगे या इसके उलटे अगर केवल उस पर गाने प्रसारित किए जाएँ तो कभी-न-कभी ऐसा ज़रूर लगेगा कि कुछ समाचार प्रसारित किए जाते या देश-दुनिया से जुड़ी जानकारियाँ प्रसारित की जातीं तो कितना अच्छा होता! क्योंकि कोई भी व्यक्ति मात्र मनोरंजन, जानकारी या समाचार से संतुष्ट नहीं होता। इन तीनों के प्रति उसमें सहज जिज्ञासा होती है।

आजकल टेलीविज़न पर इन तीनों के लिए अलग-अलग चैनल शुरू हो गए हैं। अगर समाचार सुनने हैं तो हम समाचार का चैनल ट्यून करते हैं, फिल्म देखनी है तो उसके चैनल पर जाते हैं या मनोरंजन चाहिए तो उसके लिए कई दूसरे चैनल हैं।

सूचना का अर्थ आमतौर पर समाचार लगाया जाता है। यह काफी हद तक सही भी है, क्योंकि समाचारों का विस्तार आज सिर्फ राजनीतिक क्षेत्र तक न होकर समाज के हर क्षेत्र तक हो चुका है। जब हम कोई अखबार पढ़ते हैं या समाचार का कोई चैनल देखते हैं तो उसमें राजनीतिक हलचलों के अलावा खेल, शिक्षा, कृषि, बाजार भाव, शेयर, अर्थ, स्वास्थ्य जगत, अपराध, मौसम आदि की जानकारियाँ भी

प्रकाशित-प्रसारित की जाती हैं। बल्कि अखबारों में विज्ञापनों के माध्यम से कंपनियाँ अपने उत्पाद अथवा सेवाओं के बारे में उपभोक्ताओं को विविध प्रकार की सूचनाएँ भी देती रहती हैं। अगर आपको कोई सामान खरीदना है और वह सामान कई कंपनियाँ बनाती हैं। हमें ठीक से जानकारी नहीं है कि किस कंपनी का सामान खरीदना आपके लिए ठीक रहेगा। ऐसे में हमें अगर अखबार में या टेलीविजन पर विज्ञापन के जरिए उस वस्तु के बारे में जानकारी मिल जाती है तो खरीदारी में आसानी हो जाती है। इसी तरह नौकरियों के विज्ञापन भी संचार माध्यमों के जरिए हमें मिलते रहते हैं। इसके अलावा जनसंख्या नियंत्रण, एड्स के प्रति जागरुकता, बाल विवाह के कुप्रभाव, नशे से समाज और मानव स्वास्थ्य पर पड़ने वाले प्रभाव, पर्यावरण प्रदूषण, जल संचय आदि समस्याओं के प्रति लोगों में जागरुकता लाने और उन्हें इनमें सहभागिता निभाने के लिए प्रेरित करने संबंधी अनेक सूचनाएँ संचार माध्यमों के जरिए प्राप्त होती हैं। कुल मिलाकर कहा जा सकता है संचार माध्यम सूचनाओं का एक सशक्त माध्यम होते हैं।

कुछ दिनों पहले भारत सरकार ने अंतरिक्ष में एजूसेट नामक उपग्रह स्थापित किया। इस उपग्रह का मक़सद दूरस्थ शिक्षा में विद्यार्थियों-शिक्षार्थियों को लाभ पहुँचाना है। हम जानते हैं कि मुक्त शिक्षा माध्यम से पढ़ाई करने वाले विद्यार्थियों को मुद्रित सामग्री के अलावा, रेडियो, टेलीविजन, टेलीफोन आदि के माध्यम से भी पाठ्यक्रम सहायक सामग्री और शिक्षा से संबंधित जानकारियाँ उपलब्ध कराई जाती है। अभी तक इस तरह की जानकारियाँ दूसरे उपग्रहों के माध्यम से उपलब्ध कराई जाती थीं, लेकिन एजूसेट के स्थापित हो जाने के बाद शिक्षा के लिए स्वतंत्र उपग्रह अस्तित्व में आ गया है और शिक्षा संबंधी सामग्री के प्रसारण में काफी सुविधा हो गई है।

साहित्यिक संचार

साहित्य सम्बन्धी संचार कार्य को साहित्यिक संचार (Literary communication) कहा करते हैं। साहित्य की सूचना और संचार

साहित्य प्रेमियों के लिए अनिवार्य है। आज साहित्यिक खबरों का विनिमय क्षेत्र समाचार पत्र, रेडियो, टी.वी. कंप्यूटर, इंटरनेट आदि के सहारे अत्यंत विस्तृत हो गया है। साथ ही साथ साहित्य-सर्जना बढ़ गई है, सृजन के क्षेत्र में नये-नये आयाम ढूँढ़ रहे हैं। रोज़-रोज़ नाना प्रकार की अनेक रचनाएँ प्रकाशित होती है। इन सबों का पता लगाना श्रमसाध्य है। कुछ समाचार पत्रों में साहित्य के लिए अलग स्तंभ है, लेकिन ये स्तंभ हमें व्यापक और पूर्ण जानकारी प्रदान करने लायक नहीं। टी.वी. चैनलों में और रेडियो में साहित्य की जानकारी प्रदान करने वाले कार्यक्रम हैं, लेकिन वे भी सीमित एवं अपूर्ण हैं। इस सिलसिले में कंप्यूटर और इंटरनेट के प्रचार ने महत्वपूर्ण कार्य किया है। नई-नई किताबों के प्रकाशन समाचार इंटरनेट से मिलते हैं। प्रमुख रचनाकारों का परिचय उनकी विशेषताएँ, नए-नए लेखकों की जानकारी नेट से मिलेगी। हरेक भाषा के कतिपय साहित्यकारों के व्यक्तित्व एवं कृतित्व इंटरनेट में उपलब्ध हैं, साहित्य की विभिन्न विधाओं की सर्जना की सूचना मिलती है। लेकिन साहित्य संचार का मतलब केवल नई किताबों और नए सर्जकों का परिचय मात्र नहीं है। उनकी कृतियों का मूल्यांकन, साहित्य सम्बन्धी अद्यतन वाद-विवाद, साहित्य में उद्‌भूत नये-नये वाद, सिद्धांत, नई प्रवृत्तियाँ, शिल्प में आए परिवर्तन और प्रयोग, प्रयोगों की सफलता, असफलता, साहित्य की समकालीनता आदि पर पर्याप्त ज्ञान इंटरनेट से भी संभव नही है। इस सिलसिले में साहित्यिक-पत्रकारिता एवं पत्रिकाओं का महत्त्व निखर आता है। उपर्युक्त साहित्य-सम्बन्धी सभी कार्य एक साथ पत्रिकाएँ ही कर सकती हैं। साहित्य संचार एवं विनिमय में साहित्यिक-पत्रिकाओं की निर्णायक भूमिका है। साहित्य-सम्बन्धी सारे विषयों के लिए पत्रिकाओं में अलग अलग स्तंभ हैं और कविता, कहानी, उपन्यास निबन्ध, संस्मरण, रेखाचित्र आदि सृजनात्मक लेखन का समावेश भी है। इसलिए साहित्यिक संचार में पत्रिकाओं का स्थान सर्वोच्च है।

शैक्षिक-संचार

शिक्षा सम्बन्धी संचार शैक्षिक संचार है। संचार माध्यमों ने शिक्षा के क्षेत्र में नई क्रान्ति मचा दी है। समाचार पत्र, पत्रिकाएँ, रेडियो, टेलीविजन

आदि शिक्षा सम्बन्धी जानकारी का आयोजन किये जा रहे हैं। समाचार पत्रों में शिक्षा के लिए अलग स्तंभ हैं और उन स्तंभों के माध्यम से शैक्षिक क्षेत्र की गति-विगतियों की खबर मिलती है। रेडियो में भी शिक्षा सम्बन्धी अलग कार्यक्रम है। टेलीविजन में भी शैक्षिक समाचारों एवं कार्यक्रमों का प्रसारण है। लेकिन इन सबों की एक सीमा है, क्योंकि इन पर उनके संचालकों का नियंत्रण और संपादन है। इस कमी को कंप्यूटर और इंटरनेट ने दूर किया। आज इंटरनेट में शिक्षा सम्बन्धी संपूर्ण सामग्रियाँ उपलब्ध हैं। विभिन्न विश्वविद्यालयों के पाठ्यक्रम और पाठ्य-पद्धति का पता मिलता है। विभिन्न भाषाओं के साहित्य और साहित्य सम्बन्धी खबरों का पता मिलता है। विभिन्न साहित्यकारों के व्यक्तित्व एवं कृतित्व नेट पर उपलब्ध है। केवल साहित्य सम्बन्धी विषयों के लिए नहीं अन्य सारे विषयों का समग्र ज्ञान चाहे इतिहास हो, समाज शास्त्र हो, दर्शन हो सबों का अवबोध इंटरनेट में समाहित है। हमें आवश्यकता के अनुसार फायदा उठाना है। विज्ञान सम्बन्धी विषयों की अद्यतन सामग्रियाँ कंप्यूटर या नेट में उपलब्ध हैं। आज कल ब्लॉग की लोकप्रियता बढ़ती चली जा रही है। हरेक शैक्षिक संस्था, साहित्यकार और शास्त्र सम्बन्धी ब्लॉग आज सुलभ हैं, जिनमें सम्बन्धित व्यक्ति, संस्था या विषय की पूर्ण जानकारी है। 'ब्लॉग' वास्तव में इंटरनेट पर उपलब्ध लेखक की अपनी पर्सनल डायरी कही जा सकती है। इंटरनेट पर हमें अपने विचारों की अभिव्यक्ति के लिए खुला कैनवास मुहैया कराया जाता है, इसे सुविधा और समय के अनुसार लेखक जब चाहे अपडेट कर सकता है। कंप्यूटर में जो 'चैटिंग' है उसके माध्यम से किसी भी व्यक्ति से वार्तालाप कर सकते हैं और हमारे शैक्षिक, सन्देहों का निवारण कर सकते हैं। मोबाइल फोन भी शैक्षिक संचार के लिए, विचारों का आदान-प्रदान और सन्देह निवारण के लिए प्रयोजनकारी है।

पत्रकारिता

पत्रकारिता – परिभाषा

पत्रकारिता आधुनिक युगबोध, राष्ट्रीय चेतना, बौद्धिक जागरुकता एवं व्यापक जन-संवेदना को संप्रेषित करने का सर्वसुलभ उन्नत जन-माध्यम है। यह लोकमानस की सामुदायिक सह भागिता की जीवंत विधा है। एक आधुनिक आईना जिसमें हम अपने समय की तस्वीरें देखते हैं और सोचते हैं।

पत्रकारिता – स्वरूप

पराधीन भारत में पत्रकारिता शब्द के लिए अन्य पर्याय पत्रकारी, पत्रकला, संवाद-पत्रकला, वृत्त विवेचन, समाचार-पत्र संपादन आदि अधिक प्रचलित थे। किन्तु वर्तमान हिन्दी भाषा और साहित्य में 'पत्रकारिता' शब्द रूढ़ हो गया है और इस शब्द का प्रयोग अंग्रेजी शब्द 'जर्नलिज्म' (Journalism) के पर्याय के रूप में होता है। 'जर्नलिज्म' शब्द की व्युत्पत्ति फ्रांसीसी भाषा के जर (Jour) और जर्नल (Journal) शब्द से जुड़ी है जिसका शाब्दिक अर्थ क्रमशः 'एक दिन' और 'समाचारपत्र' है।

पत्रकारिता के पारंपरिक अर्थ और क्षेत्र में क्रमिक विस्तार हो गया है। पहले पत्रकारिता से तात्पर्य समाचार पत्रों और पत्रिकाओं में समाचारों को एकत्रित करके लिखना, संपादन करके प्रकाशित करना या समाचारों पर टिप्पणियाँ देना मात्र था। पर कालांतर में पत्रकारिता का क्षेत्र बहुत विशाल बन गया। आज पत्रकारिता के अंतर्गत तितिध संचार माध्यगों द्वारा होने वाले प्रसारण भी आता है। जिन्हें सामान्यतया इलेक्ट्रोनिक

पत्रकारिता कहते हैं। वस्तुतः पत्रकारिता नित्य परिवर्तित होते सामाजिक जीवन, भौतिक घटनाचक्र, राष्ट्रीय एवं अन्तर्राष्ट्रीय कार्यकलापों का संकलन एवं प्रस्तुतीकरण है। साथ ही साथ व्यापक जन संवेदना एवं पारदर्शी मानवीय अनुभूतियों को संप्रेषित एवं प्रसारित करने का विश्वसनीय लोकप्रिय जनमाध्यम भी है।

पत्रकारिता के आदर्श मानदंड

पत्रकारिता के चार आधारभूत सिद्धांत माने गए हैं–

1. सत्य का अनवरत अन्वेषण
2. काल की तीव्र गति को पकड़ने का प्रयास
3. मानवता की सार्थक सेवा
4. अडिग, स्वातंत्र्य आकांक्षा

पत्रकारिता की उत्कृष्टता का निकष जन हित है। एक श्रेष्ठ सफल पत्र के रहस्य हैं–जागरुकता, साहसिक तत्परता और यथार्थता।

भारत में आधुनिक पत्रकारिता का आविर्भाव

भारत में प्रेस की स्थापना 6, सितंबर 1556 में हुई थी। भारत भूमि में पत्रकारिता का ऐतिहासिक प्रारंभ अंग्रेजों द्वारा हुआ। 29 जनवरी 1780 को जेम्स अगस्त हिके ने भारत की धरती पर पहला अंग्रेजी समाचार पत्र बंगाल गज़ट या कलकत्ता जनरल एडवरटाइज़र या हिंके गज़ट प्रकाशित किया। यह साप्ताहिक पंत्र के आकार में था।

भारत में पत्रकारिता के अभ्युदय में यद्यपि अंग्रेजी पत्रकारिता की महत्वपूर्ण भूमिका रही थी तथापि राष्ट्रीय गौरव की दृष्टि से देश की सामाजिक समस्याओं को प्रधानता देनेवाली पत्रकारिता देशी भाषाओं की रही थी।

अखबार और पत्रिकाएँ

मुद्रित संचार माध्यम में मुख्य रूप से अखबार और पत्रिकाएँ आती हैं। अखबारों में मुख्य रूप से समाचार प्रकाशित होते हैं। इन जानकारियों में शिक्षा से लेकर खेती-बाड़ी, खेल-कूद, बाजार भाव, सिनेमा, स्वास्थ्य तथा

पोषण, टेलीविजन के कार्यक्रम, फैशन, ज्योतिष भविष्यफल और दुनिया के विभिन्न स्थानों, वहाँ के लोगों और उनके रहन-सहन के बारे में भी जानकारियाँ प्रकाशित होती हैं। देश-दुनिया की राजनीतिक, आर्थिक और सामाजिक हलचलों के विश्लेषण तो प्रकाशित होते ही हैं।

अखबार चूंकि हर दिन प्रकाशित होते हैं इसलिए इनमें रोज की विभिन्न क्षेत्रों की ताजा खबरें प्रमुखता से प्रकाशित होती हैं। इसलिए इन्हें समाचार पत्र कहा जाता है। दुनिया भर में चूँकि हर क्षेत्र में हर पल कोई-न-कोई नई घटना घटती है और उनमें से हर क्षेत्र की जानकारी हर कोई पाना चाहता है, इसलिए हर अखबार अपने-अपने तरीके से खबरों के लिए अलग-अलग पन्ने निर्धारित करता है। आमतौर पर पहले पन्ने पर देश-दुनिया की सबसे महत्वपूर्ण खबरें प्रकाशित होती है, जैसे प्रधानमंत्री की किसी योजना की घोषणा, कोई महत्वपूर्ण फैसला या दुनिया के किसी देश में हुई कोई बहुत महत्वपूर्ण राजनीतिक घटना। इसी तरह ज़्यादातर अखबारों में आखिरी पन्ने पर खेल, दूसरे पन्ने पर स्थानीय खबरें और आखिर के दूसरे पन्ने पर अर्थ जगत से जुड़ी खबरें होती हैं। इसके अलावा देश-विदेश की खबरों के लिए अलग से पन्ने निर्धारित किए जाते हैं और संपादकीय के लिए आमतौर पर बीच का पन्ना निश्चित होता है।

इसमें हर अखबार अपने आकार के मुताबिक अलग-अलग क्षेत्रों की खबरों के लिए पन्नों की संख्या अलग-अलग निर्धारित करता है। किसी अखबार में स्थानीय खबरों के लिए दो पन्ने होते हैं तो किसी में इससे अधिक। कुछ अखबार राज्यवार खबरें भी प्रकाशित करते हैं। इसके अलावा सप्ताह के अलग-अलग दिन अलग-अलग विषयों पर विशेष परिशिष्ट देने का भी प्रचलन कुछ समय से बढ़ा है। अखबार में खबरों को क्षेत्रवार प्रकाशित करने और उनके लिए अलग-अलग पन्ने निर्धारित करने के पीछे पाठकों को पढ़ने में सुविधा का ध्यान रख जाना ही उद्देश्य होता है।

पत्रिकाएँ : पत्रिकाओं का प्रकाशन सर्वाधिक होता है। ये अखबारों की तरह रोज नहीं प्रकाशित होतीं, बल्कि साप्ताहिक, पाक्षिक, मासिक,

द्विमासिक, त्रैमासिक, छमाही या वार्षिक आधार पर प्रकाशित होती हैं। सावधिक होने की वजह से पत्रिकाओं में ताजा सूचनाएँ देने की गुंजाइश कम होती है। इसलिए ज़्यादातर पत्रिकाओं में घटनाओं, समाचारों सामाजिक-साहित्यिक और कला जगत की हलचलों पर विस्तार से वैचारिक टिप्पणियाँ प्रकाशित की जाती हैं। इन्हें पढ़ने का लाभ यह होता है कि सूचनाओं से लगातार रू-ब-रू होते लोगों को उन पर प्रतिक्रियाएँ जानने, उसकी तह में छिपी वास्तविक को जानने, घटना को विस्तार से समझने का मौका मिलता है।

पत्रिकाएँ चूँकि सावधिक होती हैं, इसलिए इनमें ताज़ा घटनाक्रम का प्रकाशन संभव नहीं होता, दूसरे इनका अगले अंक के प्रकाशन तक इंतजार करना पड़ता है। इस अर्थ में पत्रिकाओं में सूचनाएँ देर से अवश्य पहुँचती हैं, मगर इनकी अवधि समाचार पत्रों की अपेक्षा थोड़ी लंबी होती है। समाचार पत्र अगर एक दिन में पूरा नहीं भी पढ़ा जा सका तो दो-तीन दिन में आराम से पढ़ा जा सकता है। इनके सावधिक होने का लाभ यह होता है कि सूचनाओं के विस्तार से प्रकाशन तथा विवेचन की सुविधा होती है। दैनिक अखबार की तरह चूँकि इन्हें प्रकाशित करने की जल्दी नहीं होती इसलिए खबरों की तह में जाने का समय इन्हें ज्यादा मिल जाता है। इसीलिए कई बार पत्रिकाएँ खबरों की तह में छिपी घटनाओं को भी ढूँढ़ कर ले आती हैं।

कुल मिलाकर पत्र-पत्रिकाएँ सूचनाओं का तेजी से और प्रामणिक तौर पर प्रकाशन कर पाते हैं और इससे लोगों को न सिर्फ सरकार की योजनाओं, नीतियों के बारे में जानकारी प्राप्त होती है बल्कि जागरुकता भी पैदा होती है इसमें समाचारों के ज़रिए तो आम आदमी में जागरुकता बढ़ती ही है, विज्ञापनों या सरकारी सूचनाओं के ज़रिए भी बहुत सारी जानकारियाँ प्राप्त होती हैं, जिन्हें काट कर लंबे समय तक दस्तावेज के रूप में सहेजा जा सकता है।

हिन्दी के प्रमुख समाचार पत्र और पत्रिकाएँ

हिन्दी पत्रकारिता का प्रारंभ 1826 में हुआ। उदन्त मार्तण्ड नामक पत्रिका से हिन्दी पत्रकारिता का जन्म हुआ था। पंडित युगल किशोर मुकुल के

संपादन में कलकत्ता से इसका प्रकाशन हुआ था। हिन्दी पत्रकारिता के प्रारंभिक दौर में समाचार पत्रों का उतना प्रचार नहीं था, साहित्यिक पत्रिकाओं का प्रचार था। स्वतंत्रता आन्दोलन के अवसर पर और स्वतंत्रता के बाद समाचार पत्रों का प्रचार बढ़ने लगा। आज हिन्दी के अनेक समाचार पत्र हैं, पाठकों की संख्या भी बढ़ती चली जा रही है। हिन्दी के प्रमुख समाचार पत्र हैं–

नवभारत टाइम्स

जनसत्ता

जनशक्ति

हिन्दुस्तान

अमर उजाला

दैनिक भास्कर

दैनिक जागरण

राजस्थान पत्रिका

साहित्यिक पत्रिकाएँ : हिन्दी पत्रकारिता के प्रारंभ से लेकर साहित्यिक पत्रकारिता का अतिरिक्त महत्व था। 'सरस्वती' पत्रिका हिन्दी की सर्वश्रेष्ठ साहित्यिक पत्रिका थी। प्रेमचन्द जी की 'हंस' पत्रिका का भी साहित्यिक महत्व अप्रतिम था। आजादी के बाद समाचार पत्र के समान साहित्यिक पत्रिकाओं की भी प्रगति हुई। इन पत्रिकाओं ने हिन्दी साहित्य में नए-नए आन्दोलनों को जन्म दिया। इनमें से कुछ पत्रिकाएँ बन्द रह गईं, कुछ पत्रिकाएँ जारी हैं। आज की प्रमुख साहित्यिक पत्रिकाएँ हैं–

नया ज्ञानोदय

हंस

वागर्थ

तद्भव

कथन

अन्यथा

आज कल

अक्षरा

प्रगतिशील वसुधा
पूर्वग्रह
आलोचना
साहित्य अमृत
वाक्
कथादेश

केरल की हिन्दी पत्रकारिता

हिन्दी भाषा के प्रचार-प्रसार के लिए केरल में हिन्दी पत्रिकाओं का उदय हुआ! अनेक पत्रिकाओं ने जन्म लिया। उनमें से अधिकांश अल्पायु रहीं। केरल की प्रथम हिन्दी पत्रिका 'हिन्दी मित्र' है। अगस्त 1941 में इसका प्रकाशन हुआ। इस पत्रिका के संस्थापक थे श्री जी. नीलकंठन नायर। यह मासिक पत्रिका तृशूर से निकाली गई। लेकिन इस पत्रिका की आयु केवल एक वर्ष की थी। बाद में युग प्रभात, प्रताप, ललकार, विश्व भारती, केरल पत्रिका आदि पत्रिकाएँ निकलीं। लेकिन सब अल्पायु रहीं। हिन्दी प्रचार सभा की 'मुख पत्रिका 'केरल ज्योति' ने सिद्ध किया कि केरल की हिन्दी पत्रिकाएँ अल्पायु नहीं हैं। बाद में हिन्दी विद्यापीठ की मुख पत्रिका 'संग्रथन' ने भी सिद्ध किया कि हिन्दी पत्रिकाएँ नियमित रूप से लगातार निकलेंगी। फिर अनेक हिन्दी पत्रिकाएँ प्रकाशित हुईं। उनमें से अधिकांश पत्रिकाएँ या तो बीच में रुक गईं नहीं तो नियमित रूप से निकलती रहीं। लगभग 45 वर्ष की आयु रखनेवाली 'केरल ज्योति' और 25 वर्ष की आयु रखनेवाली 'संग्रथन' केरल की प्रमुख हिन्दी पत्रिकाएँ हैं।

केरल की हिन्दी पत्रिकाएँ

(1) संग्रथन

तिरुअनंतपुरम की एक हिन्दी प्रचार संस्था है हिन्दी विद्यापीठ (केरल)। हिन्दी-विद्यापीठ की मुख-पत्रिका है 'संग्रथन'। हिन्दी विद्यापीठ के संस्थापक डा. पी.जी. वासुदेव संग्रथन पत्रिका के संस्थापक संपादक हैं। हिन्दी के निस्वार्थ प्रचारक एवं पंडित पी.जी. वासुदेव जी ने हिन्दीतर प्रदेश केरल

में हिन्दी के प्रचार-प्रसार के लिए 'संग्रथन' पत्रिका का प्रकाशन किया। केरल के हिन्दी लेखकों को तूलिका चलाने का अवसर प्रदान करना उनका अभीष्ट था। इस प्रकार 1987 में संग्रथन पत्रिका का प्रकाशन शुरू हुआ। तब से लेकर यह पत्रिका नियमित रूप से निकल रही है। एक हिन्दी साहित्यिक पत्रिका के रूप में संग्रथन ने न केवल केरल में लोकप्रियता पाई, बल्कि हिन्दी प्रदेशों में भी लोकप्रियता पाई है।

साहित्यिक पत्रिका होने के नाते 'संग्रथन' में साहित्य सम्बन्धी रचनाओं को प्रमुख स्थान दिया जाता है। कविता, कहानी, निबन्ध, समीक्षा, शोध-लेख, साक्षात्कार, संस्मरण आदि साहित्यिक विधाओं के साथ हिन्दी भाषा सम्बन्धी-रचनाओं का भी प्रकाशन होता है। संग्रथन में केरल के रचनाकारों के साथ हिन्दी प्रदेश के लोकप्रिय रचनाकारों की रचनाएँ प्रकाशित होती हैं। विष्णु प्रभाकर, महीप सिंह, कैलाश चन्द्र भाटिया आदि वरिष्ठ हिन्दी लेखक संग्रथन के लेखक थे। डॉ. एन.ई. विश्वनाथ अय्यर, माधवन पिल्लै, कृष्णन नंपियार जैसे केरल के प्रमुख हिन्दी लेखकों की रचनाएँ 'संग्रथन' में प्रकाशित होती जा रही हैं। नई पीढ़ी के श्रेष्ठ हिन्दी साहित्यकार भी संग्रथन के रचनाकारों में शामिल हैं। अरूण कमल, अनामिका, मधु कांकरिया, पवन करण, अल्पना मिश्र, मनीषा कुल श्रेष्ठ, महुआ माजी आदि की अप्रकाशित रचनाएँ संग्रथन में प्रकाशित होती हैं। केरल के नव लेखकों की रचनाओं को भी समान महत्व दिया जाता है। नव लेखकों की यह रचनाधर्मिता संग्रथन की सबसे बड़ी खूबी है। अद्यतन साहित्य, उपन्यास, कहानी आदि की समीक्षा संग्रथन को विशेष गरिमा प्रदान करती है। संग्रथन के मुख-पृष्ठ पर प्रसिद्ध हिन्दी साहित्यकारों और हिन्दी प्रचारकों को वरीयता मिलती है। समय की नब्ज पकड़नेवाला संग्रथन का संपादकीय सारपूर्ण है। केरल की संस्कृति के साथ भारत की संस्कृति को समेटने का सफल प्रयास यह पत्रिका करती है। मलयालम रचनाओं के हिन्दी अनुवाद को वांछनीय स्थान देकर मलयालम साहित्य को हिन्दी से जुड़ाने का प्रयत्न भी यह पत्रिका करती है।

संग्रथन पत्रिका के वर्तमान मुख्य संपादक डा. वी.वी. विश्वम हैं और

संपादक हैं डा. एम. एस. विनयचन्द्रन, प्रो. एम. एस. जयमोहन पत्रिका के प्रकाशक हैं। यह पत्रिका केरल के सभी विश्वविद्यालयों से मान्यता प्राप्त साहित्यिक शोध पत्रिका है।

(2) केरल ज्योति

केरल से निकलने वाली स्तरीय हिन्दी पत्रिकाओं में एक है 'केरल ज्योति' केरल की सबसे बड़ी हिन्दी प्रचार संस्था है केरल हिन्दी प्रचार सभा तिरुअनंतपुरम। केरल हिन्दी प्रचार सभा की मुख-पत्रिका है 'केरल ज्योति'। इसका प्रथम प्रकाशन 1966 को हुआ। हिन्दी प्रचार सभा के संस्थापक श्री के. वासुदेवन पिल्लै ने 1953 को 'राष्ट्रवाणी' नामक एक पत्रिका निकाली थी। 'केरल ज्योति' उस परंपरा को आगे बढ़ानेवाली दूसरी कड़ी है। राष्ट्र भाषा हिन्दी के प्रचार के लिए प्रकाशित 'केरल ज्योति' पत्रिका में नाना प्रकार की रचनाएँ छप आती हैं। प्रारंभ में पत्रिका के संचालकों ने हिन्दी प्रचार सम्बन्धी, हिन्दी अध्यापन और अध्ययन सम्बन्धी सामग्रियों को प्रमुखता दी। अब इस पत्रिका में साहित्य की विभिन्न विधाओं का प्रकाशन होता है, कविता, कहानी, निबन्ध, संस्मरण, समीक्षा, शोध-लेख, साक्षात्कार आदि का प्रकाशन हो रहा है। 'केरल ज्योति' में केरलीय हिन्दी लेखकों की रचनाएँ अधिक प्रकाशित होती हैं। लेकिन इसमें उत्तर भारत के लेखकों की रचनाएँ भी छप आती हैं। इसमें एक ओर डॉ. विश्वनाथ अय्यर और डा. एस. तंकमणि अम्मा जैसे वरिष्ठ लेखकों की रचनाएँ प्रकाशित होती हैं तो दूसरी ओर युवा पीढ़ी के लेखकों की। विष्णु प्रभाकर जी, रामेश्वर दयाल दुबे जी आदि मूर्धन्य हिन्दी लेखक 'केरल ज्योंति' के लेखक थे। केरल ज्योति के सामग्री-संचयन करते वक्त संपादकों की दृष्टि यही रही कि केरल के सम्बन्ध में, उसकी संस्कृति, इतिहास, साहित्य, साहित्यकार इत्यादि को समझने में सहायक रहे। 'केरल ज्योति' पत्रिका राष्ट्रीय एवं भावात्मक एकता की पत्रिका है। हिन्दी में मौलिक लेखन का प्रोत्साहन पत्रिका का लक्ष्य है। भाषा साहित्य, संस्कृति आदि पर हिन्दी प्रचार सभा में आयोजित समारोहों, चर्चाओं के समाचारों का प्रकाशन भी किया जा रहा है। केरल ज्योति की सबसे बड़ी

सविशेषता मलयालम रचनाओं का हिन्दी में अनुवाद है। खासकर काव्य-रचनाओं का अनुवाद जो धारावाहिक रूप में प्रकाशित होता है।

केरल ज्योति के प्रथम संपादक विद्वान के. नारायण थे। 'केरल ज्योति' पत्रिका की लोकप्रियता में उसके प्रारंभिक संपादक के.जी. बालकृष्ण पिल्लै की भूमिका निर्णायक है। वर्तमान संपादक प्रो. डी. तंकप्पन नायर हैं। मुख्य संपादक हैं डॉ. एम.एस. राधाकृष्ण पिल्लै। प्रो. के. केशवन नायर केरल ज्योति के प्रकाशक हैं। केरल ज्योति केरल विश्वविद्यालय से मान्यता प्राप्त पत्रिका है।

केरल से निकलने वाली एक त्रैमासिक हिन्दी पत्रिका है केरल हिन्दी साहित्य अकादमी शोध पत्रिका। इसके संपादक डॉ. एन. चन्द्रशेखरन नायर हैं। केरल हिन्दी साहित्य मंडल कोच्ची की मुख पत्रिका 'साहित्य मंडल पत्रिका' भी केरल की हिन्दी पत्रिकाओं में उल्लेखनीय है।

नये संचार माध्यम

मोबाइल फोन और संचार

यह घर के साधारण फोन से कई मामलों में थोड़ा भिन्न है। घर के फोन को एक तार के ज़रिए जोड़ा गया होता है इसलिए इसे उठाकर कहीं से भी ले जाना आसान नहीं होता, जबकि मोबाइल फोन बिना तार (वायरलेस) के काम करता है, जिसे लेकर आसानी से कहीं भी जाया जा सकता है। इसलिए अब लोगों को फोन जेब में लेकर चलने की सुविधा को देखते हुए इनके सेट काफी छोटे-छोटे तैयार किए जाने लगे हैं। मगर यह एक दूसरे से बातचीत करने के अलावा इसका उपयोग संदेश भेजने-पाने (एस.एम.एस.), फोटो खींचने और तुरंत उसे दूसरे व्यक्ति के पास भेजने, किसी की बातचीत रिकॉर्ड करने और उसे दूसरे के पास भेजने, फिल्में देखने, गाना सुनने, समाचार सुनने के लिए भी किया जाता है। इस तरह समाचार एकत्र करने वाले संवाददाताओं के लिए तो काफ़ी उपयोगी सिद्‌ध हुआ ही है, आम आदमी के लिए भी कई मायनों में कारगर साबित हो रहा है। यह उन फोन सेटों से उपलब्ध होता है, जिसमें मल्टी मीडिया डिस्क यानी एम.एम.एस. होता है। अब तो ऐसे मोबाइल फोन भी उपलब्ध हैं, जिन पर 10 से 20 मिनट की फिल्म बनाई जा सके। उसे भेजा जा सके। इसके द्‌वारा इंटरनेट सर्च इंजन से सूचनाएँ भी प्राप्त की जा सकती हैं। संक्षेप में कहें तो इंटरनेट का उपयोग भी मोबाइल फोन पर संभव है। यानी कि दुनिया आपकी मुट्‌ठी में।

इस फोन की खासियत यह है कि जिस व्यक्ति के पास यह है वह चाहे देश-दुनिया के किसी भी कोने में बैठा हो, चल रहा हो, उससे आसानी से संपर्क किया जा सकता है। इसके अलावा कोई भी व्यक्ति दुनिया के किसी भी कोने से घटना या दृश्य के चित्र खींच कर दूसरे स्थान

पर तुरंत भेज सकता है। पहले ऐसा करना काफी मुश्किल काम होता था। पहले कैमरे से चित्र खींचा जाता था, फिर उसका प्रिंट निकाला जाता था, फिर उन्हें भेजा जाता था, जिसमें काफी समय लग जाता था। अब चित्र खींचने के बाद तुरंत भेजा जा सकता है। टेलीविज़न पर समाचार प्रसारित करने वाले चैनल तो इसी प्रणाली पर काम करने वाले डिजिटल कैमरों का उपयोग भी करने लगे हैं। डिजिटल कैमरे में साधारण कैमरे की तरह रील डालने की ज़रूरत नहीं होती। कैमरे के भीतर उसकी मैमोरी यानी स्मृति निर्धारित होती है जिसकी क्षमता के मुताबिक कैमरा दृश्य का बिंब कूट भाषा में दर्ज कर लेता है। उस कूट भाषा को जब कंप्यूटर के माध्यम से खोला जाता है तो वह दृश्य दिखाई देने लगता है।

संचार क्रांति के इस युग में मोबाइल फोन सूचनाएँ पहुँचाने का एक सशक्त माध्यम बन कर उभरा है। विशेष रूप से रेडियो और टेलीविजन पर सूचनाएँ-समाचार भेजने-प्राप्त करने में इससे काफी सुविधा हुई है। पहले सूचना भेजने के लिए फैक्स या टेलीग्राम करना पड़ता था, अब मोबाइल फोन से ही लिखित, वाचिक या चित्र के रूप में सूचनाएँ भेजी जाने लगी हैं। इसके अलावा मोबाइल धारक अगर किसी से बात करने की बजाय लिखित रूप में संदेश भेजना चाहता है तो वह एस.एम.एस यानी शॉर्ट मेसेज सर्विस का इस्तेमाल कर सकता है। यही नहीं मोबाइल को कंप्यूटर से जोड़कर इंटरनेट सुविधा का भी लाभ उठाया जा सकता है।

कंप्यूटर और समाचार

कंप्यूटर अब किसी के लिए अपरिचित नहीं रह गया है। यह एक ऐसा उपकरण है, जिसके कारण संचार के क्षेत्र में क्रांति आ गई है। इस पर अखबारों, रेडियो, टेलीविजन के लिए समाचार लिखे जा सकते हैं, संपादित किए जा सकते हैं और प्रकाशित-प्रसारित किए जा सकते हैं। पहले जहाँ अखबारों की डिजाइन काट और चिपका कर तैयार की जाती थी अब उसकी जरूरत नहीं रह गई है। अब कंप्यूटर पर समाचारों को टाइप कर फोटो स्कैन कर पूरा का पूरा अखबार बहुत कम समय में तैयार

किया जाने लगा है। यही नहीं, अखबार के पूरे के पूरे पन्ने को एक स्थान से दूसरे स्थान पर भेजा और सीधे मशीन पर प्रकाशित किया जा सकता है। अखबारों के प्रकाशन के लिए समय की कमी रहती है, इसलिए कंप्यूटर पर अखबारों की डिजाइन की सुविधा उपलब्ध हो जाने से देर रात तक के ताजा समाचारों का इंतजार कर उनका प्रकाशन कर पाना अब आसान हो गया है। यही नहीं अब रंगीन अखबार का प्रकाशन काफी आसान और सस्ता हो गया है। सुंदर से सुंदर तरीके से इनका प्रकाशन संभव है।

इसी तरह रेडियो और टेलीविजन पर भी समाचारों और दूसरे कार्यक्रमों को तैयार करने में काफी आसानी हो गई है। जब से टेलीविजन पर समाचार चैनलों की होड़ शुरू हुई है, ताजा से ताजा समाचारों के प्रसारण की होड़ मच गई है। कंप्यूटर के आ जाने से अब कहीं भी समाचार, चित्रों, सूचनाओं का संकलन करना आसान हो गया है। समाचार संकलन के साथ ही बहुत कम समय में कंप्यूटर के माध्यम से इनका संपादन और निर्धारित समय में प्रसारण आसान हो गया है। देश या दुनिया के किसी भी कोने में बैठा संवाददाता समाचारों का संकलन, संपादन कर अपने मुख्य कार्यालय अथवा प्रसारण केंद्र को इंटरनेट के ज़रिए भेज सकता है, जिसे जस का तस प्रसारण किया जा सकता है। पहले ऐसा कर पाना संभव नहीं था। संवाददाता जो समाचार, सूचना अपने केंद्र को भेजता था उसका संपादन करने में काफ़ी समय लग जाता था, फिर से निर्धारित समय में प्रसारण योग्य बनाने के लिए काफी कतर-ब्यौंत करनी पड़ती थी। यही नहीं फिल्म निर्माण में भी कंप्यूटर के आने से बहुत आसानी हो गई है, खासकर उनके संपादन में।

इंटरनेट स्वरूप और उपयोगिता

इंटरनेट का अर्थ है कंप्यूटरों का जाल। यह जाल स्थानीय स्तर पर भी तैयार किया जा सकता है और राष्ट्रीय अंतर्राष्ट्रीय स्तर पर भी। जब कई कंप्यूटरों को सर्वर के जरिए जोड़ दिया जाता है तो वह एक जैसे वातावरण में काम करने लगते हैं। इसी तरह जब इन्हें उपग्रह के ज़रिए

जोड़ दिया जाता है तो दुनिया भर में कंप्यूटरों का एक जाल तैयार हो जाता है। इंटरनेट सर्वर के जरिए जुड़े कंप्यूटरों से कई मायनों में भिन्न होता है। इंटरनेट में कार्यक्रम तैयार कर लिखित या चित्र रूप में टेलीविजन की तरह प्रसारित किए जाते हैं। जिस तरह हम अलग-अलग चैनल बदलकर टेलीविज़न के अलग-अलग कार्यक्रम देख सकते हैं, उसी तरह इंटरनेट पर साइट लॉग आन करके अपनी मनचाही सूचनाएँ इकट्ठी कर सकते हैं। इस तरह इंटरनेट एक प्रकार की समृद्ध लाइब्रेरी है। जिस तरह लाइब्रेरी से मनचाही पुस्तक निकाल कर पढ़ी जा सकती है उसी तरह इंटरनेट की अलग-अलग साइटों से जानकारियाँ हासिल की जा सकती हैं। अगर हमें यह जानकारी नहीं है कि किस विषय पर जानकारी कहाँ, किस साइट पर मिलेगी तो सर्च इंजन में अपना विषय टाइप कर इसकी जानकारी प्राप्त कर सकते हैं।

इंटरनेट एक तरह से मुद्रित, दृश्य-श्रव्य माध्यमों का मिला-जुला रूप है। यह न सिर्फ जानकारियाँ इकट्ठी करने का साधन है, बल्कि इसके जरिए संदेश भी पलक झपकते दुनिया के एक कोने से दूसरे कोने में भेजा जा सकता है। इसके जरिए लोगों से बात की जा सकती है। उनके चित्र प्राप्त किए जा सकते हैं, अनुसंधान किए जा सकते हैं और दुनिया भर में उनका प्रसार किया जा सकता है। अब तो हम इंटरनेट के ज़रिए घर बैठे खरीदारी भी कर सकते हैं, नए-नए मित्र बना सकते हैं। इस तरह इंटरनेट एक त्वरित और बहु उपयोगी संचार माध्यम के रूप में विकसित हुआ है। जहाँ पहले एक फाइल को एक शहर या विभाग से दूसरे विभाग में भिजवाने और वहाँ से कार्यवाही हो कर वापस आने में कई दिन लग जाते थे, अब इंटरनेट के जरिए पल भर में यह काम किया जा सकता है। दुनिया के किसी भी कोने में बैठा व्यापारी या व्यवसायी दूसरे व्यवसायी से बातचीत कर इंटरनेट के जरिए सौदा तय कर सकता है। सरकार के विभाग दूसरे विभागों से परामर्श कर सकते हैं। एक किसान दुनिया के बाजारों में अपनी फसलों की कीमतों का अध्ययन कर सकता है, नए-नए बीज, खाद, उपकरणों और कृषि योजनाओं की जानकारी प्राप्त कर सकता है।

अब लाखों की संख्या में इंटरनेट साइट उपलब्ध हैं, जिनमें बहुत सारी

निजी कंपनियों द्वारा तैयार की गई हैं तो सरकारी विभागों, निजी संस्थाओं और स्वयंसेवी संगठनों द्वारा भी तैयार की गई हैं। सभी विभिन्न क्षेत्रों की जानकारियाँ, अनुसंधान, अवसर आदि की जानकारियाँ उपलब्ध कराती हैं। इसी तरह शिक्षा संस्थाओं की भी साइट हैं। अब तो इंटरनेट के ज़रिए आप कंप्यूटर में नौकरी और रोज़गार के अवसरों की जानकारियाँ भी हासिल कर सकते हैं। यही नहीं कई शैक्षणिक संस्थान तो इंटरनेट के जरिए परीक्षाएँ भी आयोजित करने लगे हैं।

इंटरनेट के उपयोग में एक सुविधा यह होती है कि रेडियो, टेलीविजन या पत्र-पत्रिकाओं की तरह इसके उपयोग के लिए निश्चित समय सीमा का ध्यान रखना जरूरी नहीं होता। इसे जब मर्जी खोल कर उपयोग किया जा सकता है। हाँ, यह बाकी संचार माध्यमों की अपेक्षा थोड़ा महँगा अवश्य है। इसके उपयोग के लिए एक कंप्यूटर और एक फोन या इंटरनेट कनेक्शन की जरूरत होती है। मगर जिन लोगों के पास ये साधन नहीं हैं वे भी साइबर कैफे में जाकर प्रति घंटे की दर से भुगतान कर इसका उपयोग कर सकते हैं।

कंप्यूटर और हिन्दी सॉफ्टवेयर

भारतीय भाषाओं में काम करने वाले सॉफ्टवेयरों के विकास से सबसे अधिक क्रांति सूचना प्रौद्योगिकी के क्षेत्र में आई है। इन भाषाओं में सबसे पहले हिंदी भाषा में काम करने के लिए सॉफ्टवेयर विकसित किए गए। भारत में पहला व्यक्तिगत हिंदी कंप्यूटर 15 दिसंबर 1997 को प्रस्तुत किया गया। यह पहली और एक मात्र कंप्यूटर संचालित हिंदी-प्रणाली है और उसका डाटा-विकास का कार्य आई. बी. एम. ने किया है। आई. बी. एम. ने हिंदी-कंप्यूटर डॉस के रूप में पी.सी. 386 का कम मूल्यों में निर्यात करने का निर्णय लिया। अब ये कंप्यूटर हिंदी भाषी लोगों के लिए सस्ते दामों पर उपलब्ध हैं। इनसे बेहतर प्रणाली के कंप्यूटर जैसे—पैन्टीयम- I, II, III और IV उपलब्ध हैं और इस क्षेत्र में अधिकाधिक प्रयोग किए जा रहे हैं।

फरवरी 1998 में क्षेत्रीय भाषा में कंप्यूटर प्रणाली विकसित करने का

काम भारत की दो सॉफ्टवेयर और हार्डवेयर कंपनियों एम.ए. आई. (MAI) और एन. आई. एस. सी. ओ. एम. (NISCOM) ने प्रारम्भ किया। इन्होंने गैर अंग्रेजी भाषी लोगों की आवश्यकता को देखते हुए 'भारत भाषा' नाम से एक परियोजना की शुरुआत की। गोदरेज बायस, एच. सी. एल. सूचना प्रणाली, निट (NIIT), टाटा आई. बी. एम. तथा ज़ेनिथ ने इस परियोजना में सहभागिता निभाने पर सहमति जताई। इनके अतिरिक्त सी-डैक, सॉफ्टेक, सोनाटा, सांइरस, ए. सी. ई., एस. एस. आर., जी. वी-सोफ्ट, आर. के. कंप्यूटर्स नामक कंपनियों ने आई. एस. एम. अक्षर फॉर विंडोज़, प्रकाशक, श्रीलिपि, आकृति विंकी, ए. पी. एस. सुविंडोज आई.एस.एम. नामक सॉफ्टवेयर तैयार किए हैं जो अंग्रेजी और हिंदी के अतिरिक्त अन्य भारतीय भाषाओं में भी काम करते हैं। इन सभी का प्रयोग एम. एस. वर्ड और एक्सल, पावर पॉइंट के वातावरण में कार्य करने के लिए किया जाता है। ये सभी विंडोज, 95, 98, 2000 के प्लेटफार्म पर कार्य करते हैं। आई. एस. एम., प्रकाशक, श्रीलिपी सभी भारतीय भाषाओं में कार्य कर रहे हैं। आकृति में हिंदी और मराठी भाषा उपलब्ध है। इस परियोजना के अंतर्गत देवनागरी, गुजराती, गुरुमुखी लिपियों के लिए शुशा (SHUSHA) नाम की एक नई फॉन्ट प्रणाली का विकास कर लिया गया है तथा अब बांग्ला, असमिया और उड़िया लिपियों के लिए भी इसी तरह की फॉन्ट प्रणाली जल्दी ही उपलब्ध होने जा रही है।

अक्षर फॉर विंडोज़ में दिव्या तथा निशा फॉन्ट में कार्य करने की विशेषताओं के अतिरिक्त कई अन्य विशेषताएँ भी हैं। इसमें हिंदी शब्द को स्पेल चैक तथा हिंदी के शब्द ढूँढ कर बदलने का कार्य भी किया जा सकता है।

इंटरनेट और हिन्दी वेबसाइट

कंप्यूटर के विकास से समाज के विभिन्न क्षेत्रों में काम करने की काफी सुविधाएँ प्राप्त हो गयी हैं। कंप्यूटरों की उपयोगिता को ध्यान में रखते हुए दुनिया भर के कंप्यूटरों को उपग्रह के माध्यम से जोड़ने की पहल की

गई। इसे इंटरनेट यानी कंप्यूटरों का जाल कहा जाता है।

इंटरनेट के आ जाने से सूचनाएँ पल भर में दुनिया के एक कोने से दूसरे कोने में पलक झपकते ही भेजी जा सकती है। ऑफिसों की फाइलें अपने एक ऑफिस से दूसरे ऑफिस तक पहुँचाने में कई दिन लग जाते थे, अब वह पल भर में भेजी जा सकती है और उस पर कार्यवाही होकर पलभर में ही वापस भी आ सकती है। यही नहीं सूचना जगत में इंटरनेट से क्रांति-सी आ गई है। कोई भी सूचना पल भर में ही कहीं भी पहुँचाई जा सकती है।

इंटरनेट की उपयोगिता को देखते हुए अब इस हिंदी में भी कई वेब-साइट्स खुल गई हैं। बेव दुनिया डॉट काम (webdunia.com) ऐसी ही एक साइट है जिस पर आप सिर्फ हिंदी भाषा में सूचनाएँ प्राप्त कर सकते हैं। इसमें समाचारों के अलावा समाज के हर क्षेत्र से सम्बन्धित सूचनाएँ हिंदी में उपलब्ध हैं। इसी तरह रेडिफ डाट काम (rediff.com) तथा इंडिया डाट काम (india.com) पर भी हिंदी की साइट्स तथा पोर्टल मौजूद हैं। अब तो हिंदी में छपने वाले प्रमुख समाचार-पत्र तथा पत्रिकाएँ भी इंटरनेट पर उपलब्ध हैं। अब दुनिया में कहीं भी छपने वाला हिंदी का अखबार अथवा पत्रिका आप घर बैठे इंटरनेट के माध्यम से देख और पढ़ सकते हैं। हिंदी में खोली गई वेबसाइटों की एक विशेषता यह भी है कि इसमें आप हिंदी में ही कमांड दे सकते हैं तथा सूचनाएँ प्राप्त करने के लिए लिख सकते हैं। हिंदी साहित्य प्रेमी अनुभूति अभिव्यक्ति डॉट कॉम की साइट खोलकर पूरा-पूरा आनन्द प्राप्त कर सकते हैं और साहित्य की अलभ्य सामग्री प्राप्त कर सकते हैं।